Votre cerveau est différent ?

Surfez sur des brins de lumière !

Votre cerveau est différent ?

Surfez sur des brins de lumière !

Solène Laurenceau

Édition : BoD – Books on Demand,
12/14 rond-point des Champs-Élysées, 75008 Paris
Impression : BoD - Books on Demand, Norderstedt, Allemagne

ISBN : 978-2-3223-7915-6
Dépôt légal : Novembre 2021

Sommaire

Introduction

En cette nuit de Nouvel An, les uns rient, boivent, chantent, d'autres tentent de rester sobres, ou d'autres encore sont restés chez eux sans rien faire, pourquoi ? Certains sont heureux, voire ultra-festifs, d'autres ne peuvent pas l'être. À quoi se rattache cette différence ?

Après avoir écrit sur la psychologie, les enfants, les adolescents, les couples, les familles et quatre ouvrages sur les hauts potentiels…

Je pressens que la nouvelle génération fonctionnera autrement, par-delà les HP, les habitudes ou les traditions.

J'ai envie de faire un coup de pub pour les jeunes générations, celles qui sont souvent mal comprises, parfois maltraitées, trop vite dénigrées, mal diagnostiquées, alors qu'elles tentent d'allumer nos consciences embrumées.

Tout est en train de bouger. Trop vite, dans tous les sens. C'est pourquoi j'ai envie de vous accompagner pour changer de référentiel, bouger votre curseur intérieur et modifier votre manière d'utiliser votre cerveau.

Et si… nos cerveaux… pouvaient surfer sur un brin de lumière : voulez-vous danser ?

Les intuitions ne suffisent plus, la période New Age semble dépassée, les capacités neuronales peuvent nous apporter un éclairage nouveau sur les possibilités des ressentis différents, mais ce n'est toujours pas suffisant

J'utiliserai donc la métaphore de la « lumière » pour vous conduire dans le monde de la nouvelle génération, non pas en écho avec l'époque du siècle des Lumières, mais dans ce nouveau millénaire, avec, en guise de vecteur, ce que j'appellerai les « cerveaux de lumière ».

Dans ce présent ouvrage, je vais éclairer l'humanité d'un regard métaphorique en abordant le thème des gens « différents », ceux qui ne voient pas les humains comme des agglomérats de chair, ni des cellules unitaires, ceux qui ne se limitent pas à la psychologie ou à un organe, mais qui ont le don de directement ressentir l'aspect holistique et les différents plans coexistants. Il est temps de les citer.

Aujourd'hui, enfermer trop de monde dans du « haut potentiel » sonne faux, c'est un engouement surcoté !

Les nouvelles générations sont un peu perdues. Elles doivent concocter avec leur ouverture, les diagnostics de psychologie sauvage sont souvent erronés, l'aspect populaire et les envies de chacun tentent d'en rajouter : nous devons trier.

D'un côté, les patients pataugent au milieu de tout cela, d'un autre ils se confient et osent avouer ce qu'ils ressentent au plus profond d'eux-mêmes.

Plus je les écoute, plus je me rends compte qu'une nouvelle catégorie de cerveaux se dévoile et que de nouveaux outils doivent être développés pour les accompagner.

Le bagage littéraire pour comprendre ce phénomène d'ouverture manque un peu, surtout dans le domaine de la psychologie ou l'univers de la thérapie.

Allier la psychologie, les connaissances en neuroanatomie et les ouvertures des gens pourrait simplement devenir un devoir, une responsabilité sans devenir gnangnan. Il était temps !

La « lumière » va nous éveiller pour accompagner une nouvelle humanité qui patauge souvent et change trop vite. Les médias ne vont pas uniquement faire du mal. Les ondes ne vont pas seulement nous détruire. Comment faire pour rester positifs au sein de cette évolution fulgurante tout en acceptant nos impressions et craintes ?

Comment trier l'aspect pathologique angoissé du vrai ressenti ?

Comment faire la différence entre un haut potentiel et une personne simplement sensible et connectée à d'autres sphères de consciences ? Car, cela n'a rien à voir !

En d'autres termes, comment savoir si ce que l'on ressent vient de notre passé, de l'enfance, de la réalité énergétique factuelle, d'une aptitude intellectuelle, neuronale ou d'un filtre émotionnel ?

Je vais déplacer le curseur de vos esprits pour allumer différemment les strates de votre inconscient, pourtant bien coexistantes.

Qui, en effet, n'a jamais eu une impression qui dépasse l'entendement ?

Clarifier ces notions pourrait commencer à devenir urgent au vu de l'évolution ultrarapide des perceptions de chacun et de la nouvelle génération.

En laissant les « cerveaux de lumière » s'exprimer, vous allez pouvoir visiter un nouveau paradigme en plein changement, laissez-vous surprendre !

Et, qui sait… à la fin de cet ouvrage… vous aussi, peut-être aurez-vous envie de surfer sur des brins de lumière !

Cet ouvrage va tenter de vous éveiller à de nouveaux outils de pensée, par le biais des métaphores. Dès le premier chapitre, vous pourrez visualiser votre vie différemment.

Nota bene : prenez un recul inaltérable sur mon humour ! Tentez d'imaginer que je parcours le grand chemin de la vie avec un genre de « génie d'Aladin » qui commente la réalité, comme dans un grand dessin animé. Cette idée pourrait vous aider à ne pas vous sentir blessé. Car n'oubliez pas, je surfe…

Je vais tricoter avec quelques circonvolutions les informations, usant de mots qui ne seront pas usités à bon escient pour certains d'entre vous. Sauf que je le fais exprès ! En vue de modifier vos références, brasser vos codes et permettre à une nouvelle lumière de s'extraire. En Valais (Suisse), du fait du vignoble, on parlerait plus de l'extraction des arômes et du tanin, j'étendrai ici la métaphore à l'extraction de la lumière... Adaptez simplement vos pensées. Glissez d'un concept local à une vision plus ample, disons... cosmique.

Pour passer par un autre canal de cognition, après l'humour et la métaphore, l'art de la poésie pourrait vous aider. Sauf qu'au lieu d'écrire tout ce livre en mode de haïkus, j'ai décidé d'abord de dérouler ma pensée en surfant sur des brins de lumière pour ensuite semer quelques lignes comme ci-dessous. Je me suis finalement dit que vous apprécieriez sans doute plus le « déroulement complet » que le mode extrêmement bref d'un poème crypté en trois lignes célébrant l'évanescence des concepts. Toutefois, j'ai maintenu les deux versions afin de vous laisser choisir ce que vos neurones préfèrent pour extraire de votre conscience une nouvelle manière de mettre en lumière vos réelles possibilités.

Un souffle sur la rosée
Lumière
Baromètre content.

Les baromètres de régénération

Et si… nous avions à disposition des petits « baromètres », au fond de nos cellules, qui « capteraient » l'espace, l'énergie et le temps ? Un peu comme une prise de sang ou un test cutané pourrait afficher : « Bon flux, vous avez bien récupéré ! » ou « Zut, c'est raté ! »

Et si… nous pouvions chiffrer, après un court séjour, une journée, une réunion, si nous avons gagné du temps… ou perdu du temps ?

Gaspillé de l'espace ou gagné de l'espace ?

Perdu de l'énergie ou si nous en ressortons un peu régénéré ?

Tentons l'expérience : est-ce que vos dernières vacances, par exemple, furent de sincères symboles de régénération ? Ou pas ?

Est-ce que votre semaine précédente fut satisfaisante ? Ou pas ?

Lors de mes dernières vacances, suite à un travail fatigant, je me suis mise à me demander si réellement j'étais en train de me régénérer, sincèrement, ou si j'étais en train de gaspiller mon énergie et mon temps. Nous étions arrivés tous lessivés, mes enfants aussi, sortant tout droit d'examens, ils avaient clairement besoin de « récupérer ».

Je me suis mise à imaginer des baromètres personnels qui afficheraient des informations claires pour estimer un taux de régénérescence ou d'épuisement. J'ai eu la satisfaction de me dire que, finalement, nos vacances étaient vraiment positives, symbole d'une bonne récupération. J'ai aussi demandé à mes proches ce qu'ils en pensaient, connaissant les différences interindividuelles potentielles, je les ai questionnés afin de savoir si, pour eux, ces journées avaient été épuisantes ou plutôt positives. Y compris à mes enfants, qui, coup de chance ou de cohérence, ont aussi trouvé ces vacances bien régénérantes. Je ne vous dirai pas ce que nous avons fait… mais nos baromètres affichaient beau fixe à la fin, et pourtant… je vous assure, il avait plu durant huit jours. C'était parfait ! Nous avions tous pu totalement nous reposer.

C'était épatant pour « ces » vacances-ci, pourtant ce ne fut pas toujours le cas ! En effet, il existe des congés bien épuisants et peu profitables pour nos familles, comme pour la planète Terre.

C'est précisément durant ces vacances que je me suis questionnée :

Et si… tous les humains avaient trois petits baromètres autour du cou, avec trois chiffres qui seraient représentatifs de ce que nous vivons, cela serait passionnant !

Sur 100 %, sur 10, sur 7 pour les mystiques ou sur 6 pour les Suisses si vous préférez !

Cela serait exigeant, mais aussi tellement aidant.

Autour du cou ou de la taille, soyez créatifs et personnalisez donc ! Tour de cheville, tour d'oreilles conviendraient tout aussi bien, en couronne, un petit bandana sur la tête avec des clochettes de rappel, bref, faites vos choix !

Pourvu qu'il y ait ces petits baromètres tout simples, avec une aiguille qui monte ou qui descend. Une couleur qui significativement nous indiquerait que ce fut top, sympa, cool et régénérant ou tout bonnement peu profitable, pour ne pas dire épuisant et franchement sans valeur ajoutée.

Repensez à votre dernier Nouvel An. Si, si ! Vos petits baromètres affichaient-ils au premier janvier une cartographie chatoyante de vous-même ?

Votre dernière foire ? Il semblerait que certaines festivités tant appréciées coûtent de nombreuses billes d'énergie à de nombreux damoiseaux et damoiselles. Elles conditionnent aussi pas mal de vies, ne serait-ce que dans le nombre de bébés procréés sans trop le désirer… par des personnes très alcoolisées.

Carnaval ? Boîtes de nuit ? Amitié vraie et récupération assurée ou perte de soupçons d'énergie ?

Ces chiffres sur les baromètres pourraient, par exemple, noter :

- **L'énergie** récupérée… ou gaspillée !
- **Le temps** gagné… ou perdu.
- **L'espace** utilisé sainement… ou sali, écologiquement, par exemple.

Mon délire chiffré ajouterait (pour le plaisir de la métaphore, toujours) :

- un baromètre pour le taux **d'harmonie**,
- un autre sur la superforme ou frite du **corps**,
- un qui indiquerait le taux vibratoire **émotionnel** partagé,
- ou encore le taux **mental** positif/négatif réalisé.

Bref, cela serait représentatif de ce que nous dégageons, vivons, ressentons. Un plaisir pour les yeux si nous en avions *tous* autour du cou, comme le saint-bernard a traditionnellement son fameux tonneau. Nous y serions habitués, si tout le monde en possédait. Sans dictature aucune, cela inviterait chacun à tenter d'optimiser ses propres ressources sans les gaspiller.

Voire, cela nous pousserait à aider celui qui aurait l'aiguille à la baisse. Je ne parle pas uniquement des baromètres de mes patients. Même si, parfois, j'ai l'impression de les voir arriver bien épuisés, je suis touchée de les voir repartir galvanisés par une nouvelle idée, l'œil plus vif, le sourire aux lèvres et la joie au cœur. C'est formidable de les voir ainsi un peu « améliorés », voire relancés pour affronter la vie ! Quelqu'un de très attentif n'a pas besoin de baromètres pour « chiffrer » à la hausse ou à la baisse le quota de vitalité ou de joie de chacun. Peut-être est-ce une manière d'oser regarder si la lumière passe de mieux en mieux.

Bref, avec ces petits baromètres, tout le monde y gagnerait…

Sauf ceux qui ne veulent rien savoir ni voir.

Donnez-vous les moyens d'être une valeur ajoutée pour vous-même !
Puis pour autrui.
Faites de sorte que vos soirées soient un « gain » de quelque chose. Pas une « perte » de trop de dimensions en même temps !

Faites que vos journées, qui sont fatigantes pour beaucoup, soient aussi une valeur ajoutée en termes de partage ou de je ne sais quoi. Pas uniquement une difficulté impensable à récupérer.

Lorsqu'il n'y a plus de récupération, l'individu s'épuise, déprime ou passe en burn-out.

S'il y a une récupération, il y a plus de joie, de paix intérieure, une belle estime de soi et une satisfaction plus stable et confiante.

Et si… en fin de journée, nous avions un simple graphique qui nous montrait comment nous avons utilisé notre corps, nos émotions, notre cerveau, notre espace, notre temps, notre vie, cela serait-il intéressant ? Un bel apprentissage qui conditionnerait sans doute nos journées suivantes.

Peut-être faut-il se le dessiner au fond de notre cœur. Peut-être ces chiffres représentent-ils l'adresse IP de notre âme ou notre aptitude à réellement partager intercerveaux, je ne sais. En revanche, je fantasme (avec humour) de futurs sites de rencontre qui pourraient se baser sur de telles données ! Peut-être que les patients qui y surferaient seraient moins enclins à s'ennuyer…

Alors bien sûr, il y aurait une certaine exigence intérieure. Oser regarder notre gracieux tour de cou avant de nous coucher, avec ces mini-chiffres, pourrait nous réjouir… ou pas ! Mais au moins, nous saurions ! Un homme « connaissant » a toujours plus de puissance pour faire changer le monde qu'un innocent. Ne pas savoir conduit à ne rien changer ; or nous voir chaque soir avec notre véritable identité nous donnerait sans doute plus souvent des ailes pour nous améliorer.

Si seulement nous pouvions aussi ajouter un mini-chiffre sur le taux de gentillesse des gens, cela m'arrangerait terriblement ! Enfin pas que moi, à mon avis…

Ces baromètres deviendraient de vrais moteurs pour faire des efforts, rien que pour voir le joli chiffre ou le smiley qui, le soir, nous dirait : « Bravo, vous avez été gentil ». Cela nous ferait sans doute le même effet que le « smiley rouge mécontent » lorsque nous dépassons la vitesse ou le « bravo » en vert souriant lorsque nous avons bien conduit à 30 à l'heure en agglomération ! Ne négligez pas l'inconscient collectif, ni le besoin inhérent de l'individu à vouloir être valorisé, ces petits baromètres nous relanceraient certainement des défis inconscients. Si le nouveau-né préfère génétiquement spontanément les visages souriants dès les premières heures de sa vie, l'adulte aussi !

Et pourquoi pas aussi un petit baromètre sur la quantité de sourires offerts dans la journée ?

Ou la quantité de rides de l'aigreur affichée ? Il y aurait enfin une conscience chez ceux qui refusent constamment de croire les faits, quand on tente de les leur expliquer !

Je ne suis pas certaine que cela changerait toutes les familles dysfonctionnelles, car lorsqu'elles désirent le rester... elles le font, malgré des explications ! Mais pour les générations suivantes, quelle aubaine cela serait ! Pour tous ces jeunes couples qui auraient envie de faire mieux que les générations précédentes, pour tous ces bébés en train de pousser : quel respect ! Quelle écoute de luxe ! Quels partages harmonieux cela profilerait ! Rouge bof-bof, vert tendre, bleu pétillant, blanc étincelant ?

Plus tard, je présume que les bébés qui auront grandi sauront spontanément ce que leur parent leur offre... Conscience et télépathie obligent !

En revanche, ces baromètres n'expliqueraient en rien la provenance ni l'origine de ces comportements, ils afficheraient uniquement la réalité factuelle représentative de ce que nous arrivons à vivre. Cela serait la pointe de l'iceberg qui pourrait nous aider à dérouler la suite de notre vie autrement, mais sans nous expliquer comment. Pour l'origine de nos souffrances psychiques ou l'explication de tous nos comportements, reportez-vous à mon livre précédent *Mon cerveau explose ! Comprendre pour aller mieux* (Éditions Saint-Augustin, 2019), je vous déroule des sortes de fiches sur le processus de *comment se fait-il que nous ayons des souffrances qui nous échappent et comment pouvons-nous les comprendre pour aller de mieux en mieux*. En d'autres termes, *comment être soi-même, grandir et sourire*. Vous y trouverez les outils nécessaires à votre épanouissement.

En haïku de 3 lignes, cela donnerait quoi ?

Sois
Observe le sablier
Trouve les étoiles.

Finalement, pour nos cerveaux d'Occidentaux, mieux vaut quand même que je vous livre un mode « déroulé-surfé-métaphorisé-souriez ».

Supérieurs aux HP ? Les « cerveaux de lumière » !

Et si… au-dessus des hauts potentiels (précoces, surdoués, HP, nommez-les comme vous voulez), nous avions une autre catégorie de potentialité ? Encore meilleure !

Et si… nous pouvions organiser notre vie en fonction d'autres critères de référence que le QI (quotient intellectuel) ? Je vous propose un chemin pour changer de référentiel.

> Et si… je lançais l'idée que des cerveaux pouvaient accéder à un univers partagé supérieur à celui des HP ?

Vous l'aurez compris, j'aborde le thème des humains par le biais des métaphores et, après celle des baromètres, je vous propose celle-ci : « les cerveaux de lumière » !

Je vais vous raconter une histoire… un genre de « film » à visionner dans votre esprit, si vous préférez.

> Et si… les « cerveaux de lumière » avaient des baromètres intégrés ?

Parfois avec d'immenses colères intérieures lorsque tout leur coûte et que rien ne leur rapporte suffisamment en accord avec leurs valeurs. Ou lorsque des émotions sont distendues et ne correspondent pas à leur graphique référencé ? Ou lorsque des proches simulent du « faux & zéro allumage » avec des regards extatiques : cela leur semble aussi erroné que le veau d'or face aux commandements. Car pour eux, inconsciemment, de manière quasi naturelle, il y a des lois. Règles de la vie, il y a ! Lumière, il y a ! Ou pas. Et lorsqu'ils ressentent l'obstruction de la lumière et les faussetés, ils osent parfois le dire ou se positionner. Même si cela ne plaît guère aux traditionnels rabat-joie.

Et si… ces êtres sensibles étaient nés avec des « critères » intégrés dans leurs neurones, leurs cellules, et des warnings automatiquement mis en route lorsque le corps ne semble pas récupérer à la vitesse « estimée être la meilleure » dans une situation ?

Nous comprendrions mieux pourquoi, psychologiquement, certaines personnes n'agissent pas comme les autres. Nous cesserions de poser inutilement des diagnostics décalés sur leurs réactions, nous cesserions de tout mélanger ou de dire qu'ils sont « dys » quelque chose sans preuve réfutée, avec « déficit d'attention » ou peut-être à « haut potentiel » sous prétexte qu'ils sont simplement pénibles, différents à l'école et difficiles à éduquer.

Car c'est fou le nombre de fois où j'entends ce genre d'ineptie de la bouche de gens, alors que la réaction soi-disant décalée qu'ils me décrivent n'était que « légitime » d'un point de vue de la… lumière ou de l'énergie ! La rapidité du cerveau n'est pas toujours responsable de tout, savez-vous ? L'intellect n'est pas la chose unique qui dirige nos comportements.

Par-delà, au-delà, au-dedans, il existe d'autres espaces psychiques bien plus importants. Et ce n'est pas parce qu'ils nous échappent qu'ils ne coexistent pas. Je tente en ces mots de vous expliquer que le fameux QI n'est plus une valeur sûre ni suffisante ! Même si elle reste très tendance, elle me semble quelque peu obsolète pour la génération future, elle possède un créneau médiatique surcoté.

Reprenons l'histoire du thème des HP et son évolution sociétale :

- Beaucoup de gens ont dit que ce concept des surdoués était un phénomène de mode. Nombreux sont ceux qui y croient toujours, d'ailleurs.

- Puis, progressivement, ce concept (qui, je le rappelle, est neuroanatomique, tout de même ! Donc non basé uniquement sur des inepties) a été de plus en plus admis.

- Comme ce concept n'est pas encore compris par tous (il reste partout des gens très en retard dans la compréhension des surdoués), je poursuis donc mes conférences et mises en information à propos des précoces, enfants ou adultes.

- Toutefois, de nos jours, ce concept s'est répandu et prétend parfois répondre à tout et n'importe quoi. Il prend une place inquiétante, les gens se cachent derrière un chiffre de QI comme si c'était ultra-important, pire, ils pensent que cela définit la qualité de leur identité ! Quelle horreur ! L'humain se réduit parfois à cette dynamique neurologique, ce qui me semble devenir une caricature absurde dans une dictature sociétale aberrante. Dans un genre de : HP = forcément une belle personne ? Que nenni, les plus fous sur Terre ont parfois de très gros… appendices aussi. Ou tout petits.

- Enfin, je voulais soulever, dans ce présent ouvrage, qu'il semblerait que ce concept de QI ne soit pas l'unique référence intéressante pour définir l'humanité ou comprendre nos chérubins si « créatifs ».

Et si… cette métaphore des « cerveaux de lumière » nous sortait enfin de ce concept sclérosant de HP ? Le dépassant même…

Je ris de moi-même en écrivant cela. Mais j'essaie toutefois.

Comment puis-je lancer un pavé dans la mare, afin d'éveiller nos douces consciences à plus de bienveillance et éviter que l'élitisme surpasse l'humanité de chacun ?

Comment faire pour que les nouvelles générations ne soient pas cantonnées à un QI ? Comment dire à tout le monde que le QI ne résume pas la qualité d'un être, mais plutôt son « potentiel » à utiliser son intelligence et ses valeurs, ce qui ne veut pas dire qu'il va le faire à bon escient !

Comment cesser de dévaloriser ceux qui ont « un QI juste normal » et qui s'en excusent presque en séance ? Des phrases du genre : « J'ai passé le test, mais je n'étais pas HP… j'étais juste normal… » me font bondir, car cela montre à quel point les familles ont perdu le sens de la réalité.

Je vois trop de patients qui se limitent à une définition de leur être en termes de QI, quelle ineptie ! Un peu comme s'ils s'accrochaient à une barre de pole dance en affirmant qu'ils savent tout danser ! Le cerveau, c'est une chose, il peut faire un certain nombre d'exercices

de style… Mais la qualité de l'être, sa lumière intérieure, c'est vraiment autre chose ! C'est tellement plus vaste ! Sentez-vous la différence ?

> Dieu merci, la lumière exprimée n'a rien à voir avec l'altitude de l'intellect ni l'érudition !

Les qualités de cœur ne se noient pas toutes dans des savoirs enchevêtrés et les cerveaux de lumière ne sont pas tous des « Einstein », Dieu merci, sinon nous en manquerions drastiquement dans l'humanité !

> J'aimerais faire ici une ode à tous les humains qui sont « beaux dedans ».

Vous est-il arrivé de vous sentir bien à côté de…

Comme illuminé dedans…

Proche de…

Amusé et grandi par…

Je ne sais pas comment vous l'exprimer avec des mots, car ce n'est pas sensuel ni sensoriel ni émotionnel, encore moins intellectuel, c'est « autre ».

Différent, dérangeant, étonnant, éclairant. Comme une lumière différente… « dedans ».

> Voilà ce que font les cerveaux de lumière, ils illuminent nos espaces intrapsychiques de nouvelles idées, avec d'autres longueurs d'onde. Ils transcendent nos impressions et nous rendent meilleurs.

Mais être « beau dedans » ne veut pas dire nécessairement être brillant intellectuellement, heureusement !

> Des gens au QI très inférieur sont emplis de lumière et vous accepterez sans doute aisément l'idée que certains surdoués sont tellement stupidissimes et peu lumineux de l'encéphale que leur cœur semble ailleurs !

Il y a même des gens brillants qui semblent déconnectés d'eux-mêmes ! Déconnectés des vraies réalités, déconnectés tout court d'ailleurs. Voilà pourquoi, je mets les « cerveaux de lumière » nettement au-dessus des HP. Eux, au moins, sont connectés !

On peut être brillant sans avoir intégré ni compris comment jouer avec les effets de la lumière. Ce phénomène est donné à des êtres qui ont déjà acquis un certain nombre de règles universelles bien entraînées, quasiment devenues réflexes ou spontanées.

Celui qui reflète la lumière a une existence bien plus exigeante que celle des autres, pourtant simple, mais dont les tenants et les aboutissants régulent plus d'éléments. Équation plus complexe à mon avis, comme si la lumière décuplait les éléments acquis. Plus pure, dans l'ultra-simplicité, elle est parfois trop directe pour être d'ailleurs pleinement appréciée par tous.

Et si... les « cerveaux de la lumière » représentaient la plus belle métaphore planétaire suivante ? L'update du cerveau ? Et si... la génération suivante était porteuse de lumière ?

Qu'il en soit ainsi !

Tels des surfeurs innés aptes à suivre la courbe du flux des pensées en version plus illuminée ? Cette génération sera plus fine, plus sensible et plus apte à élaborer des situations cohérentes, car la cohérence ne correspond plus à l'aspect logico-mathématique des tests de quotient intellectuel actuels. Ni aux systèmes politiques en vigueur d'ailleurs. D'autres références sont en jeu, les dés sont jetés ! Vous savez bien que Dieu aime jouer avec les dés...

Vous avez sans doute croisé, dans votre environnement, des gens qui n'ont pas pu finir le test de QI, car il ne leur convenait guère ou d'autres qui n'ont pas eu les résultats escomptés alors qu'ils semblaient pourtant si intelligents.

Et si... cela venait de cette aptitude à exprimer un champ lumineux et une cohérence de fond, plus qu'une logique d'observation ?

J'ai écrit quatre ouvrages sur les précoces ou surdoués, sur le fait de savoir comment les accompagner thérapeutiquement, mais je puis vous affirmer que ce concept me semble obsolète. Valable pour détecter les vrais HP en souffrance et les accompagner, ce concept n'est plus suffisant, pour eux non plus. Car bon nombre de ces individus sont lumineux aussi.

Je suis une championne de l'allumage des cerveaux de mes patients, les séances avec les HP sont un grand plaisir. Je vois leur regard s'éveiller, leur visage se figer, leur concentration s'accentuer, c'est une telle aisance pour moi de considérer autrui au point de lui demander toute son attention sur un élément qu'il n'avait peut-être pas encore compris... que j'avoue que c'est assez délicieux. C'est mon travail, alors surfer sur la trajectoire de la pensée des gens est facile pour moi, je fais cela toute la journée.

En revanche, dans mon observation clinique, plus rares sont ceux qui simplement parviennent à surfer sur des brins de lumière, plus que sur cet allumage cérébral. Je retrouve cela plus fréquemment avec les jeunes, les enfants aussi : ils sont là, attendent, ne surfent pas, ne surallument pas leur tête pour briller (point trop n'en faut… selon leur estimation), ils attendent, scrutent et d'un coup s'allument, contents d'avoir été tout simplement « reconnus » dans leur potentiel d'allumage lumineux, et pas uniquement intellectuel. C'est assez beau à voir.

C'est mieux que l'allumage d'une ampoule au-dessus de leur tête, mieux que l'insight ou le « Ah ! Ah ! » de la prise de conscience. C'est un allumage de leur lumière intérieure. Si seulement les universités nous programmaient des cours qui nous apprendraient à observer cela, bon nombre de psychothérapies seraient plus efficaces ! Cette nouvelle génération s'ennuie bien souvent chez les psys. Accordons-lui la possibilité de se sentir comprise et identifiée !

Si nous apprenons à leur poser les bonnes questions, ils se dévoilent volontiers. Laissons la place aux nouvelles individualités, plus aptes à préparer la nouvelle humanité. Donnons-nous l'espoir que certains d'entre eux vont inventer des choses extraordinaires qui n'auront rien à voir avec le fantasme d'être brillants, mais plutôt avec le fait d'être à LA Bonne Place, Lumineux intérieurement, donnant LA Juste Énergie, dans LE Bon Espace et avec un Tempo adapté à leurs besoins. Autant dire que nous sommes loin de certains critères scolaires occidentaux… qui passent leur temps à les éteindre.

Espace, temps, énergie, les trois ensemble pour un brin de lumière, je vous assure qu'un bon nombre de gens aimeraient payer cher pour ce genre de consultation éclairante !

Je n'oserais pas abuser de la métaphore des « Moldus » obstructeurs d'un côté et des « cerveaux de lumière » d'un autre, mais disons simplement que certains cerveaux sont étonnamment sensibles à des éléments qui échappent littéralement à d'autres (pour faire court).

Souriez ! Les « cerveaux de lumière » ont beaucoup d'humour, si vous ne souriez pas suffisamment, posez-vous des questions sur vos petits baromètres de régénération !

Si vous êtes HP, pensez à vos petits baromètres de considération d'autrui. Et estimez vos espace, temps et énergie. Et souriez aussi.

Si vous n'êtes pas HP, tant mieux, ce n'est pas un critère nécessaire à votre avenir sur Terre dans votre corps de chair ! Profitez de votre position sans être trop encombré dans votre tête par de vaines choses ou cryptées ! Et souriez tout de même.

Ou passez faire une prise de sang ! HP ou pas, lumineux ou non, tout le monde a le droit d'être fatigué. Je suis pour les bilans sanguins micronutritionnels une ou deux fois par année pour ne pas passer éventuellement à côté d'une carence qui pourrait justifier le fait de ne plus sourire comme auparavant dans votre destinée. Trop souvent, mes patients sont ultra-carencés et retrouvent le sourire après avoir pris ce que leur docteur leur indique de combler. Je leur recommande vivement de passer voir leur médecin traitant qui, avec plaisir naturellement, leur indiquera professionnellement les bilans sanguins à faire pour vérifier les vitamines, mais aussi tous les micronutriments qui touchent l'humeur et la vitalité, ainsi que les neurotransmetteurs.

Car n'oublions pas que, par-delà cette métaphore des « cerveaux de lumière », chaque cellule de notre corps, chaque organe, participe au fait de refléter la lumière « dispendue » autour de nous.

Je pense que, prochainement, certains articles finiront par nous écrire que les cellules sont de mini-cerveaux elles aussi. J'ai récemment lu que le cerveau était un second intestin. Nous savons tous, de nos jours, que les intestins sont un second cerveau, donc vous verrez… prochainement, les autres organes vont s'y mettre. Tous auront bientôt voix au chapitre, le foie, la thyroïde, le cœur naturellement, etc.

Bref, un jour, nous oserons admettre que toutes les cellules du corps peuvent être des réflecteurs de lumière ! Ou des antennes d'amour, si vous préférez.

Haute montagne peut-être…
Mais dedans
Supérieur l'être est.

Réflecteurs de lumière

Et si... certaines personnes étaient des « réflecteurs de lumière » ?

Ils réfléchiraient, certes, mais pas seulement ! Ils réfléchiraient des choses lumineuses, voire refléteraient de la lumière depuis sa Source.

Et pourquoi pas ?

Pas comme des Robin des Bois qui vont la prendre chez certains pour la redonner aux autres par équité entre les humains ! Non.

Je vous parle de vrais réflecteurs qui la prennent d'un « ailleurs » incréé et la laissent couler en libre champ ou se refléter dans leurs nouvelles idées ou leur manière d'agencer les mots, les ondes, les actes et les sourires.

Le commun des mortels l'exprimerait ainsi : il rayonne, il y a une lumière dans ses yeux, elle irradie de quelque chose d'incroyable, on se sent bien auprès de untel, on respire mieux proche d'elle comme si l'air était différent, on se sent plus léger devant tel objet, c'est d'une aide précieuse, etc.

La littérature regorge d'exemples touchants, vibrants, émouvants. Personne ne pourra me taxer de psychotique, car la mise en lumière est aussi très poétique. J'en conclus que je suis une psy poétique ! Bon... d'accord, qui surfe bizarrement sur les mots, qui n'aurait pas une très bonne note en cours de français avec ces pages si l'enseignant ne possédait pas l'usage des métaphores et qui dérangera encore beaucoup de monde. Mais poétique quand même...

À votre avis, pourquoi passons-nous autant d'heures à lire, pour ceux qui apprécient encore cet effort non virtuel ? Pour sentir en nos corps des sensations vivantes. Lumineuses ou tristes, selon les lectures, effroyables pour les gens avides de saveurs moches. Personnellement, j'ai beaucoup de peine avec les « moches ».

Je lis beaucoup, mais ne garde que les livres qui m'éveillent, m'émerveillent, me font rire, sourire ou me permettent de penser « autrement ». Il y a des ouvrages qui agencent mes pensées différemment, ceux qui me bousculent, ceux qui me pointent un détail que je n'avais pas encore dépassé, ceux qui me font tout bonnement un bien fou, car ils déroulent les valeurs que j'aime tant.

Je garde les livres qui montent mon esprit vers un autre seuil de considération, ceux qui modifient la trajectoire de ma pensée, changent le curseur de mes valeurs… en mieux.

La lecture nous offre cette immense palette de possibilités. Le virtuel aussi, s'il est délicieusement utilisé. Toutefois, il faut sérieusement trier !

Pour revenir à nos « réflecteurs de lumière », il existe des auteurs qui « éveillent » nos êtres, d'autres qui nous « salissent » au passage de leur propre souffrance ou de leurs déjections psychiques.

Beurk, me direz-vous. Oui, sauf qu'à mon avis, suite à certaines lectures, il pourrait y avoir au cœur de nos cellules moins de lumière et plus de déjections.

J'ai dit « pourrait », pour les sceptiques, c'est du conditionnel, je n'ai donc rien affirmé !

Ce terme de « déjection » me semble étonnamment le bon : parce que je tente d'éveiller vos pensées à la lumière, les déjections (en imaginant l'œuvre des pigeons) l'obstruent inévitablement.

Toute réalité pourrait être lumière, énergie, état d'être, sauf que certains humains bloquent, ferment, cloisonnent et « déjectent », au sens propre comme au figuré. Et même si c'est souvent de l'esbroufe ou finalement vide de conséquences, les brins de lumière sont mieux accueillis par nos cellules que les odeurs nauséabondes de certaines pensées.

C'est à nous que revient de faire des choix de lectures : pour un mieux ou pour des « déjections ». Pour plus de lumière ou de déceptions. Préférez-vous les larmes ou les sourires ?

Et après vos lectures, êtes-vous une valeur ajoutée pour vos proches, une lumière pour votre voisinage… ou pas ?

Je voulais simplement soulever ici que les auteurs, acteurs, compositeurs et réalisateurs sont des antennes paraboliques de saveurs. Avec ou sans réflecteurs. Qu'ils s'en rendent compte ou pas, d'ailleurs.

J'ai croisé une femme, il y a peu de temps, qui me considérait avec une telle dose de joie, d'amour, de sourire ou de je ne sais quoi, que son regard me revient souvent à l'esprit. Se faire observer avec des yeux comme ceux-là vous renvoie un accueil, une acceptation, un regard bienveillant, un quelque chose sans jugement et une possibilité de se réjouir ensemble. Elle semblait « manger » son atmosphère du regard avec une vivacité et un plaisir qui produisaient un effet sur mes neurones et sans doute mes autres organes. Son souvenir a laissé une trace. Merci.

Devant les réflecteurs de lumière, nous ne nous sentons pas indemnes, nous sommes éveillés dans la meilleure partie de nous-mêmes. En d'autres termes, ils nous offrent un miroir d'une parcelle de nous-même… en mieux.

Lorsque vous croisez des gens, laissez-vous aller à la rêverie et imaginez si ce sont des « réflecteurs », des personnes qui « prennent » ou qui « donnent ».

Des êtres « allumés » tels des réverbères sillonnent notre chemin de vie et nous donnent une pépite intérieure ou une impulsion extrasensorielle d'exception.

D'autres individus plus « éteints » semblent pesants, coûteux, ils nous font perdre notre *temps* et notre *énergie*, ils bouffent *notre espace* aussi, ils remplissent l'atmosphère d'un truc gluant, obstruant la possibilité de fluidité ou de lumière. Toutes les métaphores seront intéressantes pour aborder ce sujet : mettez-y des chiffres ou des quanta de lumière, ressortez vos mini-baromètres, peu importe, pourvu que cela puisse vous apporter un nouveau regard sur votre quotidien. Est-ce que des gens autour de vous reflètent de la lumière ou vous illuminent de-ci de-là ?

Entraînez-vous auprès de vos proches et de votre famille : vous donnent-ils l'envie de vivre, de sourire, de faire de votre journée une belle chose dont vous serez fier le soir ? Ou à l'inverse, vous plombent-ils l'atmosphère au point d'avoir envie de les éviter ?

En d'autres termes, reflètent-ils de la lumière ou l'éteignent-ils ?

Posez cette question terrible à vos proches aussi : suis-je une lumière dans ton cœur et un réflecteur dans ta réalité ou parfois un peu détracteur de tes vérités ? Osez demander…

Plombant(e) ou une valeur ajoutée ?

Selon les théories psychologiques, l'origine de cette impression familiale délétère ou légère peut provenir d'un aspect comportemental, de phrases dites de-ci de-là, du passé, des connexions neuronales enregistrées jusqu'au plus profond de notre système nerveux. Mais selon un point de vue purement vibratoire, cela peut aussi provenir d'autres sphères coexistantes. Dans la finalité, j'aime croire que toutes les théories ont un bout de vérité, toutes tentent de représenter la relation que nous vivons les uns avec les autres et essaient de nous aider. D'accompagner les humains dans une parcelle de vérité.

J'aime tout particulièrement entendre le point de vue des petits. Certains enfants semblent nés pour vibrer, déranger, bouger, changer le curseur de notre quotidien, ils nous forcent à modifier la trajectoire de nos pensées. Ils rayonnent souvent différemment de nous, même s'ils sont des copieurs de nos manies. Si nous les observons attentivement, ce sont aussi des réflecteurs de choses que nous ne possédons pas. Ils imposent une nouvelle vie, d'autres vibrations, ils sont pour nous des prises de conscience forcées. C'est une joie pour moi de les croiser, j'adore les consultations avec les enfants.

Ils sentent tout de suite si nous les identifions à juste titre et si tel est le cas, ils sont heureux. Un simple partage de lumière pour eux. Mais détrompez-vous, ils ont beau être petits, ils reflètent souvent plus de lueur que vous. Et ils sont grands dedans.

Dame Nature aussi est un réflecteur de la lumière à sa manière.

Nos cerveaux scrutent et captent sans cesse ce que les autres catalyseurs catalysent et ce que les réflecteurs peuvent réfléchir. Si la nature traduit et transmet ce que d'autres dimensions influent, certains cerveaux savent capter cette lumière déjà traduite pour la retraduire à leur manière.

C'est très privé et personnel, la transcription en mots ou en émotions.

C'est sans doute la raison pour laquelle les gens sensibles ou voyants ont tous plus ou moins une version un peu différente de transmission. Mais tous apprécient la nature sans contestation. Après une belle promenade, il est plus aisé de se représenter ou d'imaginer un genre de « quantité de lumière partagée ».

Brin de lueur
Douceur réfléchie
Naissance d'un réverbère.

La qualité d'une relation

S'il fallait imaginer une sorte d'équation unique des relations humaines, une définition générique ou universelle, laquelle pourrions-nous inventer ?

Et si nous disions que...

> « La qualité d'une relation ne se quantifie pas à la quantité de matière partagée, mais à la quantité de lumière reflétée. »

J'ai écrit cette phrase dans mon livre *L'accompagnement thérapeutique des hauts potentiels* (Éditions ESF, Paris, 2019, p 258), je la recopie, car je n'en ai pas de meilleure, in fine. J'aime beaucoup cette phrase qui me fut certainement inspirée par un brin de lumière. C'est beau n'est-ce pas, comme équation ? Comme métaphore ? Comme mise en image ? Loin de notre occidentale impression, elle nous force à nous représenter tous ensemble sur un nouveau plan.

J'aime changer le référentiel des gens, c'est ce que je fais lorsque je vous insuffle que peut-être pourrions-nous repenser nos relations humaines en les observant par le biais de la « Lumière ». C'est étonnant, inhabituel et donc cela utilise une trajectoire neuronale nouvelle, c'est rafraîchissant. C'est aussi plus moderne que de simplement ressasser « Aimez-vous les uns les autres » alors que de trop nombreuses personnes l'ont dit en bons donneurs de leçons sans le réaliser vraiment.

> Pendant plusieurs semaines, tentez de voir si vos relations reflètent de la lumière, ne serait-ce qu'un peu. Quantifiez aussi la « matière partagée ».

Malheureusement, certains parents pensent pouvoir acheter leur enfant en quanta de matériaux distribués ou Tupperware imposés, certains couples en cadeaux matériels, or, que nenni, cela ne remplacera pas une belle énergie. Je vous le dis tout de suite : cela ne fonctionnera plus sur tout le monde dans les futures générations, il faudra trouver plus lumineux ! Quelque chose de plus vibrant. Ou alors avec un transfert de lumière dans la matière...

Peut-être est-ce la raison pour laquelle certains enfants réagissent si mal face à des cadeaux. Ou ne semblent pas tellement attentifs à certains matériaux. Peut-être devrions-nous repenser nos vies différemment en tentant d'y voir l'intérieur reflété avec honnêteté.

Par ailleurs, si des « cerveaux de lumière » transportent ou reflètent des quanta lumineux, j'ai réfléchi aux conséquences relationnelles que cela pouvait imposer. Est-ce si confortable pour tout le monde et si merveilleux de recevoir ces quanta ou cela pourrait-il être mal vécu ? Diantre ! nous pourrions fantasmer que recevoir de la lumière doit être sublime ! Or, que nenni, point du tout pour certains, c'est même leur ennemi numéro un. Pourquoi ?

Même sans s'en rendre compte, certaines personnes rayonnent trop. C'est inhérent à leur âme ou à quelque chose de profond. Étonnamment, cela peut être éblouissant, voire mal vécu par autrui. Tout le monde n'a pas envie en effet de s'améliorer ni de briller intérieurement ! Certaines personnalités sombres préféreront se nourrir de plus d'obscurité ou de quelques déjections. C'est si confortable, le connu.

Si les pores ou les portes d'une personne sont fermés, la lumière s'y heurte, les rayons se repoussent, cela la blesse, un peu comme le feraient de petits courts-circuits. Cela peut même lui donner envie de fuir.

Un peu comme deux aimants opposés, la lumière peut blesser plutôt qu'éblouir certaines personnes qui refusent de laisser passer la diffusion de ses rayons. Cela explique de nombreuses disputes et crises relationnelles au sein de notre humanité.

Cette approche pourrait-elle changer un peu notre curseur pour mieux comprendre les points de vue de chacun dans les couples, groupes et sociétés ?

Ce phénomène des pores de lumière nous éclairerait aussi sur les nombreuses belles personnes ou enfants adorables qui sont maltraités. Ceux qui veulent éteindre leur lumière intérieure sont parfois nombreux et les êtres lumineux peu belliqueux. Ils ne savent ni se défendre ni attaquer ceux qui se nourrissent de l'anti-lumière.

Cela vous rappelle-t-il quelques aventures de votre réalité ? Dans votre enfance, votre famille, avec vos amis ? Récemment aussi ?

La lumière libère l'atmosphère lorsqu'elle est fluide, mais certains individus ne sont pas de bons réflecteurs de lumière. Ils sont comme au squash, ils renvoient la balle avec violence, faisant des bruits presque métalliques. Il est donc conflictuel de discuter avec eux.

Voire impossible. Cela expliquerait de nombreuses communications stériles : les gens deviennent maussades, donc aucune lumière ne peut être partagée. C'est fermé.

Je trouve l'univers extrêmement bienveillant avec moi dans la relation humaine.

Enfin… c'est ce que je comprends maintenant, car des dizaines d'années furent nécessaires pour m'apaiser avec cette réalité de la lumière partagée ! Je ne comprenais pas le principe. Maintenant, je saisis mieux le fondement logique des relations humaines, je laisse couler et tente d'illuminer en acceptant positivement ceux qui refusent de venir « jouer avec moi ».

Lorsque j'ai eu des pensées trop positives envers certaines personnalités, l'univers m'a montré rapidement leur face cachée. De multiples manières prouvées et confirmées par des faits. C'est étonnant, un peu choquant au départ, de ressentir à quel point on s'est « fait avoir », mais maintenant je suis reconnaissante de voir et de savoir plus rapidement. In fine, un homme averti en vaut certainement plus de deux. Ainsi, en arrivant dans une nouvelle région, j'ai de nouveaux sourires, de belles paroles… et… rapidement… les vraies personnalités devant mon nez. J'en souris maintenant. C'est en général dans la difficulté que nous voyons les vrais visages, leur manière de trouver la meilleure solution ou de tirer la couverture à eux. L'ego serait-il un repoussoir de lumière ? Et la compassion serait-elle le propre d'un être réflecteur, en quête de devenir translecteur des grandes lois concrètes de l'univers ?

À l'inverse, lorsque je n'ai pas été bienveillante envers autrui, l'univers m'a apporté les détails nécessaires à ma remise en question. Cela fonctionne si l'on est disposé à oser regarder.

Si un être est lumineux, il communique. En cas de conflits, il permettra le point de vue différent, entendra l'argumentation de l'autre, il se positionnera tout de même sur sa synthèse du moment, mais il finira en souriant par trouver une solution intermédiaire correcte pour les deux, selon ses valeurs et sa lumière intérieure. Toutefois, pour que cela fonctionne, il faut que celui qui est en face accepte de partager aussi un peu… notamment sa part de responsabilité.

Celui qui n'assume pas et refusera de partager des quantités de lumière restera braqué, maussade, se victimisant, intimidant, manipulant, gesticulant… Il dira systématiquement que « l'autre a tort » sans pouvoir réellement argumenter.

> L'un partagera la lumière dans un aller et retour de contraires, dans une cocréation, l'autre voudra étouffer et faire taire, la nuance est aisée à réaliser.

Et si… nous estimions les gens en quantité de lumière traversée ? Peut-être cela pourrait-il nous aider ?

Imaginons comment la lumière passe ou ne passe pas à travers eux, à travers nous. Avec humilité bien entendu. Notre conscience n'appartient qu'à nous, nous sommes en droit de la questionner honnêtement, sans nécessairement l'ébruiter.

> Cela nous permettrait aussi de comprendre que lorsque les autres refusent notre lumière, ils en ont le droit ! Ils ont certainement été blessés suffisamment pour fermer chaque pore de leur peau réflectrice de lumière. Cela éviterait de nous culpabiliser. Et activerait le recul nécessaire pour ne pas s'en blesser.

L'erreur de programme n'est pas nécessairement chez les êtres lumineux, même si les situations ont tendance à vouloir déraper et le laisser croire…

Chez tous ceux qui refusent la lumière, j'essaie de trouver des outils. Il y a des jours où j'imagine que nous pourrions déposer de la lumière à leurs pieds, en petits paquets.

Car pour moi la notion de libre arbitre est une valeur encore supérieure à celle de l'amour : on peut aimer une personne et la laisser tout de même s'éloigner.

Peut-être pourra-t-elle... un jour... utiliser cette lumière... ou non. En toute liberté.

Ce qui serait chouette et rassurant comme concept, c'est de se dire que :

Le passage de la lumière laisse toujours une trace sur les gens.

Alors, autant l'imaginer magnifique ou en pleine possibilité de circulation.

C'est son côté magique : imaginez les traces que vous avez laissées. Vous donnent-elles l'envie de les déguster à votre tour si l'on vous les envoyait ?

C'est le fameux principe qui dit de ne pas faire à autrui ce que nous n'aimerions pas subir. Les grands principes qui se retrouvent dans toutes les religions sont en général des lois universelles de la lumière traduites en mots.

Comme les valeurs, à mon avis : elles sont empreintes et traduisibles en lumière, nous pourrions nouvellement revisiter nos relations par ce biais-ci. Par exemple, visualiser que la « fiabilité » est un faisceau que l'on parchemine et que l'on accompagne « jusqu'au bout ». Ne pas répondre aux SMS de personnes proches et ne pas être fiable, c'est repousser la lumière.

Les manipulateurs pervers prennent l'énergie et aspirent la lumière, ils la gardent pour eux, ils ne la transmettent pas, ils ne la donnent pas, ne la font pas circuler. Certains sont de vrais trous noirs. Des genres de vampires. D'autres sont des splatch-glue-magmas ou des extincteurs d'individu. Certains sont des phares, d'autres sont plus dissolus. Tout existe. Certains coûtent, pompent, engluent, éteignent, tandis que d'autres sont des aspirateurs nés, en dépendance affective, par exemple. Quelqu'un qui a de gros besoins va tenter d'exister dans l'espace, monopoliser du temps et aspirer de l'énergie d'une manière ou d'une autre, même si c'est par le biais de la victimisation.

Chaque manière de vivre nos valeurs au sein de nos relations représente une manifestation potentielle de la lumière. Avec une observation fine, on peut apprendre à en voir le sens.

Si l'on imagine un vecteur, comment pourrions-nous représenter les valeurs qui nous tiennent à cœur ? Le sens de la lumière entre les gens ? Faites l'exercice pour vos propres valeurs. Visualisez la trajectoire de lueur entre les autres et vous.

Si l'on devait représenter la valeur de l'autonomie vibratoire (sans pomper les autres, donc) sur nos trois mini-baromètres, ils seraient sans doute en cohérence. Une personne autonome émotionnellement agit, prend les choses en main, gère l'espace, utilise sa propre énergie et non celle des autres et manage le temps de multiples façons, mais n'attend pas son remplissage comme un arrosage automatique, ni un dû.

Chaque relation, chaque manière d'interagir représente une gestion de l'espace, de notre énergie et notre temps. De la lumière aussi. N'est-ce pas innovant et envoûtant d'imaginer les relations humaines de cette façon ?

Si, au moins, nous pouvions faire le point le soir en nous questionnant : avons-nous fait notre maximum en notre âme et conscience, avons-nous allumé le mieux possible nos pensées, agi avec cœur et douceur ? Cela serait plus charmeur d'aller se coucher.

Si, régulièrement, nous pouvions faire le point et nous insuffler une envie supplémentaire d'allumer des réverbères avec nos pensées, nous serions plus émoustillés.

Si, enfin, chaque Nouvel An pouvait nous insuffler l'envie de condenser hautement le meilleur de notre destinée pour l'année suivante, nous nous améliorerions d'année en année.

Et si nous savions quel jour nous devions mourir, quel genre de réflexion pourrions-nous illuminer afin de partir sereinement ?

L'humain pense parfois qu'à sa mort il retournera dans une lumière originelle ou dans une circulation d'un grand Tout et que toutes ses relations ont laissé une trace indélébile qui lui permettra de surfer sur les mêmes brins de lumière.

Comment en effet une relation lumineuse pourrait-elle s'éteindre ?

La relation humaine est un thème magique. En y ajoutant les métaphores sur les sphères de lumière, elle devient infinie. C'est la raison pour laquelle nous devons absolument y prêter une attention toute particulière de notre vivant.

Pour terminer ce sujet, j'aimerais juste oser ajouter ceci :

Certains cerveaux « voient » le passage de ces flux entre les individus, j'ai eu quelques consultations passionnantes à ce propos. Avec des gens équilibrés, non psychotiques, assumant un travail, une vie de famille, une belle hygiène de vie et la lumière par-dessus le marché.

Toutes les personnes qui « voient » des choses ne sont pas déconnectées, elles sont parfois plus connectées aux vraies réalités et donc aptes à vous les détailler. Il paraît que c'est très beau, lorsque la lumière est acceptée. Pour ceux qui n'arrivent pas à la voir, tentez de l'imaginer.

Nature incandescente
Quanta de lumière partagés
Éternité.

Les cerveaux « translecteurs »

Si les réflecteurs réfléchissent la lumière, que font les cerveaux « translecteurs » ? Ils la traduisent, la modifient pour la rendre utile, voire agréable ! Plus encore, ils parviennent à l'appréhender, pas seulement la refléter, mais la rendre lisible et modifiée pour la traduire d'une dimension à une autre. Certains cerveaux sont de puissants translecteurs.

Si les lecteurs ne suivent plus, reprenez ces mots en tant que métaphores, tout simplement. Ajoutez-y l'action, la modification des structures lors de la transmutation, le tout dans un portail d'alchimie… donc au fond de nous !

Ce terme de « translecteur » n'existe pas dans le domaine du cerveau, donc forcément j'adore. Quelque chose qui transagit, qui transcende, un traducteur interdimensions, n'est-ce pas tentant ? Pour moi, si ! C'est selon l'étymologie du mot « trans » déjà un « au-delà », exprimant l'idée d'un « changement » ou d'une « traversée ». Cela tombe assez bien pour la lumière…

Le « lecteur », chez les catholiques, est un ministère alloué à un laïc pour lire la parole de Dieu. Je n'irai pas jusque-là, en ces termes, pour le cerveau, cependant ce concept de « lecteur » ne gâche rien, car imaginer que notre cerveau soit mandaté pour lire les messages de Dieu, cela ajouterait une dimension tout à fait fun pour les croyants. Pour les non-croyants, prenez cet aspect d'un point de vue philosophique, cela peut rester tolérable. Soyons souples, ce n'est pas parce que certains croient en des « trucs » que tout le monde doit y croire. Mais tous peuvent comprendre mon concept de « trans-lecteurs », donc je fédère.

Notre cerveau serait donc un « lecteur », en effet, qui lit ou qui permet de restituer des informations. On ne peut nier cela. J'adore ce potentiel de « translecteur », car il nous dit que notre cerveau ne fait pas qu'un malheureux allumage neuronal. Je vous avais prévenus que les « cerveaux de lumière » étaient supérieurs à ceux des HP (hauts potentiels), eh bien ! nous y sommes ! Ils traduisent aussi des informations de la lumière pour les rendre viables ou compréhensibles sur Terre. Ce sont des trans-lecteurs ultra-performants de l'Univers.

Ces cerveaux font plus, bien plus que simplement connecter rapidement des aires cérébrales. Je présume que, d'ici quelques décennies, cette approche de « translecteur de la lumière » sera galvaudée et tout le monde se vantera de trouver cela normal. Même si, pour l'instant, nous devons rester campés sur la métaphore pour nous protéger légalement. Je vous rappelle que je ne cite ces images que dans le but de réfléchir autrement

Bref, le cerveau pourrait être un translecteur de nos âmes, voire plus, si affinités ! Et donc, à la volée sur mon plaisir métaphorique… j'ajoute qu'il est certainement le plus habilité à « translire » la musique de l'univers et donc… la Lumière.

Si nos formes-pensées-cognitives sont des impressions suggestives avec focalisation intellectuelle surajoutée, je doute qu'elles soient très allumées. En revanche, les cerveaux de lumière sont sans doute capables de transcrire des messages universels qui ne viennent pas de cette focalisation narcissique. C'est une bonne nouvelle, car tout ce qui vient « uniquement » des cerveaux n'est pas toujours très folichon. Alors, transcender une information au point de la relier à l'Univers semble plus rassurant.

Si tel est le cas, nous pouvons aisément ressentir ce que doivent vivre les compositeurs éclairés : ils lisent des formes diverses de la lumière, mise en sons et en couleurs. En soubresauts ou en harmonie.

Sinon, comment un Mozart aurait-il pu, si jeune, briller et composer autant ?

Les artistes sont plus librement tolérés que les clairvoyants ou clairaudients, ces derniers étant plus rapidement taxés de psychotiques parce qu'ils ont des voix ou des visions… même si leurs transmissions ne sont ni anxiogènes, ni malveillantes, mais plutôt colorées, rayonnantes ou en quête d'harmonie planétaire.

Quelqu'un qui compose ou dirige un orchestre, un chœur, a parfois une aptitude à cet accès unique qui fait relier les sons aux énergies, en mettant de la couleur au sein de la vie. Si certains sont dotés d'un grand pouvoir de travail et d'accumulation de données, du fait des heures d'entraînement, d'autres ont ce petit quelque chose qui rend leur musique si vivante.

Les cerveaux des chefs d'orchestre sont ceux qui sont les plus habilités à travailler de concert avec leurs deux hémisphères. C'est scientifiquement prouvé, les observer par le biais de la neuroanatomie a déjà été largement étudié. C'est la raison pour laquelle je ne citerai pas ces études, les répéter a du bon lorsque l'on manque d'inspiration. Je veux plus, le cran suivant, celui du « cerveau des lumières ».

Le cerveau du musicien éclairé a tendance à faire des liens là où les autres n'en font pas, ce qui peut être fort désagréable, durant leur jeunesse, sans trop comprendre pourquoi.

Lorsque les enfants ou adolescents vivent cela et qu'aucun adulte ne leur explique que c'est normal et même génial à expérimenter… cela peut devenir compliqué. Souvent, ce sont des dons qui vont ensuite être cachés au plus profond de l'inconscient, suite à des phrases sans lumière, notamment comme dans les traumatismes endurés, insufflés par des êtres non colorés ou qui ont perdu leur lumière intérieure.

Un cerveau de lumière est épaté par tout ce qui est différent.

Curieux, il adore visiter tout ce qui se présente devant lui, juste pour le plaisir de ressentir, refléter et traduire cette lumière exprimée différemment. Il accepte avec réjouissance que les autres translecteurs traduisent autrement, il s'en nourrit avec un bonheur reconnaissant. Après tout, plus on est de fous et plus l'on rit ! L'humour lui-même est une osmose lumineuse, un éclat de rire devient alors une somme folle d'éclats scintillants envolés au gré du vent.

Un adulte illuminé reconnaît tout de suite l'enfant qui joue avec la lumière, il sait le rassurer. Il lui permet d'être lui-même dans sa différence et saura, en temps voulu, lui donner le bon mode d'emploi.

Un adulte dont les pores sont fermés fait peur à l'enfant illuminé sur tout ce qu'il ne connaît pas, il lui demande en général de ne plus jamais en parler et de ressembler aux autres en se taisant. Rien ne doit le différencier ni permettre de l'identifier comme étant divergent.

Cet adulte va juger autrui, le condamner s'il ne fait pas comme « lui ». Il ne « visite » pas les différences d'autrui, il ne cherche pas à comprendre pourquoi untel a réagi comme ceci, ou unetelle comme cela. Jugement, condamnation, blâme, malveillance sont les préceptes des gens dont les pores de lumière sont fermés.

Un être éveillé va « considérer » autrui, chercher à le comprendre. Il va visiter les avis divergents en essayant de suivre la trajectoire des pensées. Cela laisse une porte ouverte. Il a la curiosité de savourer la différence, il accepte que les autres puissent agir ou penser « autrement », de la naissance à la mort. Il va d'ailleurs se poser les bonnes questions, comme les enfants : pourquoi a-t-il agi ainsi ? Pourquoi ressent-il les événements ainsi ? Pourquoi a-t-il dit cela ? Pourquoi s'est-il fermé en cet instant ? Pourquoi ?

Il y a toujours des explications à la psychologie humaine. Tous nos comportements ont une logique interne, inévitablement. Surtout pour ceux qui savent que la lumière y parcourt des trajectoires personnelles avant de trouver un filament plus vibrant.

Certains musiciens que je connais ont gardé ce questionnement possible et cette jeunesse ineffable au bout des doigts. Ils ont tendance à ressentir au cœur de leur paume des fourmillements inhabituels qui dirigent presque les sons. Ils pressentent des fils entre les humains. C'est génial comme film à imaginer. Hop, d'un coup de baguette, les sons sortent comme jamais auparavant. Je ne sais pas comment ils font, car je ne dispose pas de leurs outils, je puis juste vous affirmer que c'est réjouissant à observer.

Vous serez d'accord de penser que nous sommes loin d'un simple HP. C'est bien plus magique ! Un peu comme le bricolage, c'est un jeu entre les espaces, l'énergie, les sons et les diverses colorations des tonalités. Ajoutons les harmoniques (que seuls certains cerveaux entendent), un chœur des anges et le compte y est ! Pour le film…

Certains cerveaux de lumière se régalent aussi dans la biodiversité, parce qu'il y a un peu tout cela mélangé dans les bras de Dame Nature.

Les êtres éveillés apprécient de se trouver en forêt ou au bord d'un ruisseau, car ils savent mélanger les espaces-temps, les sons, les brins de lumière (encore plus aisés à appréhender lorsqu'il fait soleil, certes !) pour ensuite les traduire en mélodie du bonheur. Qu'il est bon de se promener !

Si vous avez perdu un peu de votre lumière intérieure, partez à l'aventure vers les brins d'herbe, ils vous conduiront directement vers des brins de lumière ! Surtout avec de la rosée. Un translecteur qui ne sort pas suffisamment est un individu qui a moins de capacités de s'illuminer sur la durée. Il vivra sans doute moins d'émerveillement aussi.

Un translecteur qui fait de la psychologie transcende toutes les théories pour les acheminer en brins de lumière au milieu d'un simple thé. Sans comprendre comment ni pourquoi, les gens ressortent illuminés ou commencent à se « reconnecter » à un axe, à eux-mêmes, un chemin, une lueur d'espoir, quelque chose quelque part.

Un translecteur qui va soigner va lancer, pousser, tirer, car il sait que cela sera dans le « mouvement » qu'il va parvenir à soigner. Dans le mouvement de l'énergie. Pas simplement en étant là, mais en « comblant » les espaces en fuite, les zones de manque ou en reconnectant les individus égarés. Leur apporter l'accès à la Source pourra les rétablir et les rebrancher.

La lumière a ce don unique de combler les carences, les vides, les espaces inoccupés.

Au même titre qu'une simple bougie allumera l'espace ou illuminera une chambre, un peu de sombre ne l'éteindra pas. La lumière a ce don de rendre vivant l'environnement. Existant dedans. Cela remplit et conduit à une très bonne estime de soi.

Un translecteur qui fait du droit va utiliser toutes les lois pour tenter de « protéger », il va « relier » des espaces repoussés et « renouer » des ondes disloquées par ceux qui veulent en profiter. Je ne puis que rêver que plus d'avocats ou de juges tentent ce processus vibrant, que cela devienne l'objectif idéaliste de ces professions. Même s'ils ne s'en rendent pas encore compte. Encore un film à réaliser. Bien que je ne sois pas certaine que cela soit vendeur... pour l'instant.

Un translecteur dans le monde social illumine les gens perdus, esseulés, tente de « leur rendre leur humanité ». Une main tendue pourra amorcer un début de mise en relation qui pourrait donner l'envie et le droit d'exister.

Un être religieux devrait se limiter à écouter et prier. S'il est vraiment « câblé » à Dieu, il a le devoir de faxer ou demander à la divinité d'allumer la requête à la place d'autrui, surtout s'il est un bon téléphoniste relié. En ligne directe, on est toujours mieux servi. L'être religieux devrait être un translecteur d'exception ! L'exemple type des translecteurs les plus affinés de toute l'humanité ! Mais là, je ne pense pas nécessaire de vous donner mon avis à ce sujet. Cela ne m'inspire pas tellement de films, car trop d'images sombres surajoutées au fil des millénaires précédents ont tendance à se coller en mon esprit, avec trop peu de lumière.

Toutefois, je n'oublie pas qu'il y eut de tout temps des êtres d'exception. Des personnalités qui ont su mettre au service d'autrui leur espace, leur énergie et leur temps de vie pour améliorer le quotidien des chiffonniers ou de ceux qui n'ont rien, avec beaucoup de courage, de pugnacité, ténacité, enthousiasme, ouverture pure, amour et lumière.

Religieux ou non, d'ailleurs.

Un vrai translecteur mère (ou père) au foyer devrait « rayonner, sourire et se réjouir » quotidiennement malgré tout ce qu'il y a à faire à la maison. Cela, je le comprends mieux. Nous avons tous nos limites, mais illuminer les journées de nos enfants malgré tout ce qu'ils nous disent ou nous font vivre, cela me semble être le plus grand mouvement d'amour qui soit avec la plus immense lumière qui puisse être. Il faudrait que les prêtres soient des mamans !

Bref, j'espère ne blesser personne ni avec mes métaphores ni avec mes traits d'humour… je voulais « juste » vous donner l'envie de créer de la lumière avec vos bras en faisant d'immenses moulinets de conscience comme des anges dans la neige ou des adolescents amoureux sur le sable. Vous savez, en bougeant les bras. Comme dans les films…

Vous rendez-vous compte que toutes nos tâches sont reliées à la Vie ? Manger, dormir, travailler, nous le faisons pour vivre !

Et si… la plus grande tâche spirituelle de l'humain était « d'allumer » nos existences d'un sens dans cette vie ?

> Les cerveaux capables d'être des translecteurs de messages universels redonnent du sens à la vie. Les vrais traducteurs d'un au-delà protecteur déversent de la lumière aux pieds des uns, dans le cœur de certains ou encore au milieu de vos mains. Si vous y croyez.

Tout a du sens pour leur réalité. Ce qu'ils pensent, vivent, mangent, respirent. Ils le mettent au service de la beauté, de ce qui est bon, ce qui résonne bien. Reprenez ces trois mots tout bonnement en souriant : beau, bon, bien. BBB ! Cela fait un peu pub… Puisse cela vous aider. Ou trouvez un autre slogan. Ce que je voulais dire, c'est que tout ce que fait le translecteur laisse une trace interconnectée.

Avant de clore ce chapitre, j'aimerais insister : n'oubliez jamais que si le « cerveau translecteur » traduit la lumière, seul le cœur l'exprime. Dans la vraie vie, dans les gestes, les regards et les pensées intimes de chacun.

Car si l'architectonique cérébrale est une plateforme pour le reste de notre réalité, une tour de contrôle si vous préférez, émettant et recevant les informations, elle ne saurait être le fondateur de nos actions. Heureusement. Si je parle autant du cerveau, c'est simplement en termes de lecteur, traducteur, explicateur. Mais seul le cœur reste l'acteur principal de nos vies. Donc, ne vous méprenez pas, je garde à l'esprit que le centre de nos actions est ailleurs.

C'est la raison pour laquelle les gestes d'un être dont le cerveau est translecteur sont si importants. Ils ont bien plus de sens que pour d'autres, car s'ils ne doivent pas « rivaliser » de beauté, d'élégance, de joie ou de bienveillance, ils tentent toutefois de les exprimer dans la plus haute harmonie du cœur. Entre autres !

Information pure Incréée
Le Verbe vous aime
Action !

Les gestes

Des moulinets d'ailes d'ange à l'amour, il n'y a qu'un pas. Du geste à sa signification, du mouvement à l'action, de la vérité à la connexion. Comment dessiner la lumière ?

Les « Vrais » Gestes ont une autre vérité que celle que nous croyons.

Il y a 20 ans déjà, j'écrivais ces mots sur une tapisserie :

Sois, agis et relie les centres. Que le texte soit, telle une parabole sacrée de l'univers. Que l'affluence résonne au cœur même de vos ego, explosant en mille pétales et régissant les ondes. Que l'osmose vous réunisse et impose sa loi, tels une respiration de vibrations cosmiques, une allée et venue de contraires, un Geste ! Que le geste soit, pur et digne de ce nom, à travers l'éternité.

À l'époque, et depuis fort longtemps, un vrai Geste devait pour moi représenter au moins tout cela. Autant dire que notre réalité fut fort compliquée…

Non, je plaisante !

Mais dans le fond de mon corps, dans mon cœur, je pressentais déjà que, dans mon environnement, des multitudes de gestes sonnaient faux. Depuis toute petite, certains gestes me dégoûtaient, d'autres m'ennuyaient ou m'énervaient, ils ne semblaient pas véritablement « m'allumer » ou ils n'étaient pas rassurants comme les enfants aimeraient qu'ils le soient. Non reliés, ces gestes étaient non encadrés de la plus belle des lumières. Guère connectés, ils ne suivaient pas les bonnes lois ni n'assumaient une allée et venue de contraires, qui pourtant reste saine. Ainsi va la vie.

Il me fallait accepter. Observer. Dépasser. Améliorer.

Observer des personnalités en mal d'amour qui ne savaient pas toucher, ni effleurer sans dire « Oh ! pardon, je suis désolée » comme si tout geste était blessure.

Accepter qu'il était interdit de toucher, comme on me l'avait froidement expliqué.

J'ai aussi très vite compris que d'autres personnes pensaient avoir des « gestes d'amour », mais ne supportaient aucune gestuelle différente de la leur. Les humains limités et éteints préfèrent que tous fassent « comme eux », dans le même sens qu'eux, à l'identique, dans ce qu'ils apprécient « eux », avec des personnes qui accréditent « leurs » idées. Même si c'est faux.

> Un geste est un maillage tricoté main. À deux ! C'est une cocréation.

Cela sous-entend le plaisir de le faire avec cœur, ce tricotage à plusieurs.

Un Vrai Geste, me semble-t-il, doit laisser une trace quelque part, j'espère justement dans le cœur, sans doute du fait de la marque de la lumière inspirée, insufflée, traversée. Avec ce genre de gestuelle, les gens se sentent aimés, respectés et illuminés en cas de difficultés. La lumière est rassurante, vous savez.

> Les gestes sacrés avec nos proches sont des translecteurs de l'âme, tels des soins, des baumes pour l'être. Ils éclairent nos cellules et transmettent à toutes les autres dimensions une belle circulation de l'énergie de fond. C'est une sorte de mise en lien, une connexion, un catalyseur. La trace de l'amour diraient certains.
>
> Un Vrai Geste est une mise en reliance. Il connecte l'individu à sa propre lumière. Puis à celle des autres, si lumière il y a.

Les beaux gestes reviennent à de belles pensées.

Entre amis, ils peuvent même symboliser une alliance.

En famille, ils sont des convecteurs d'amour et de lumière.

Mettez le mot « paillettes » à la place des mots « amour » ou « lumière » si vous préférez (dans tout ce texte, d'ailleurs, vous pouvez le faire, cela ne changera rien à la théorie, trouvez tous les synonymes qui vous plairont pour vous faire sourire et vous illuminer sans vous blesser). Nous pourrions ainsi dire, dans une famille pleine de douceur et de tendresse partagée, que nous nous refilons un max de paillettes ! Et si votre famille ne vous les a pas données, partagez des paillettes avec d'autres !

Nous pouvons, Dieu merci, ne pas avoir reçu d'amour et très bien parvenir à en donner. Heureusement pour l'évolution de l'humanité !

En revanche, plus rares sont ceux qui n'arrivent pas à en donner à leur propre enfant et savent en donner ailleurs. Il me semble que si un parent n'a pas su donner d'amour à son propre enfant ni la tendresse nécessaire à son évolution, il serait erroné d'imaginer qu'il donnera aisément de vrais gestes d'amour à autrui. Il aura des gestes qui ressemblent, mais est-ce « chargé », catalyseur, reliant ?

S'il pense « donner » à d'autres personnes sans pouvoir donner à ses enfants des marques d'affection sincères ni s'être réconcilié avec le passé… cela sonnera faux. Sans doute aura-t-il trouvé sur sa route des personnalités qui le rassurent sans trop le remettre en question ni l'animer dans sa propre évolution.

Il existe par ailleurs, une gestuelle rituelle, que les humains développent plus ou moins selon les endroits sur Terre. Notamment, les gestes qui entourent le décès. Les gens ont « l'impression » de partager, d'aimer. Prenons l'exemple de la fin de vie, nous y retrouvons des mains jointes, des caresses, des embrassades parfois, soit avec la personne à l'agonie, soit au sein de la famille : est-ce véritablement aimer ? Cumulant les peurs de chacun, craintes, tristesse, émotions, carences décuplées, imagination de notre propre décès, en plus des anciens deuils non aboutis (qui se réactivent en cet instant), l'approche de la mort fait faire des choses inhabituelles entre les gens, des choses qu'ils n'ont parfois même jamais faites de toute leur existence avec la personne touchée. Et qu'ils n'oseraient jamais refaire en dehors de ces instants-là.

Ce sont rarement de vrais gestes d'amour purs et véritables, pour celui qui observe « bien ». Sinon ces gestes seraient dans une suite logique depuis longtemps, qui ne vient pas de débuter en cet instant. Une logique de la circulation de l'énergie.

Pour ceux qui n'observent pas avec le réalisme de l'énergie, ils repartent vidés, toujours aussi carencés, ils ont l'impression d'avoir « fait du bien » en serrant des mains.

Qui a vidé qui ? Ai-je envie de demander.

Qui s'est servi au passage pour se rassurer ?

Les deux parties se séparent-elles illuminées au moment du décès ? Si les gestes sont sincères et connectés, ils repartent remplis, embellis, pour un long moment d'un amour partagé, voire ces derniers instants resteront gravés comme une source à laquelle ils pourront venir se régénérer en y repensant.

Véritablement ? Seulement si c'est un amour sacré.

Repensez à vos parents. Vous ont-ils aimés ? Touchés ? Avec tendresse ?

Avez-vous des souvenirs remplis d'images, de sensations de douceur, de gestes vrais ?

Si vous avez eu un enfant, de vous à lui ? Aussi ? Ou bof bof, que nenni ?

Lors d'un décès, avec un proche, vos neurones ont-ils eu l'impression d'être transcendés, comme portés dans une nouvelle dimension, avec des paillettes en diffusion ? Comme un accès, une nouvelle circulation, un portail de conscience ?

Repensez aux moments clés de vos vies. Rencontres, séparations, décès, fêtes, etc. Revisitez ces gestuelles comme si vous passiez à travers plusieurs musées. Les images dans votre esprit vous renvoient-elles de chatoyants tableaux vibrants, représentatifs de gestes sacrés ?

Si vous avez des photos de votre maison d'enfance, regardez attentivement : vos souvenirs dans chaque pièce vous renvoient-ils à de belles impressions, sensations, vibrations ?

Les gestes aimants sont de petits cadeaux du quotidien. Réguliers. Chez soi, au sein de notre propre famille (et pas uniquement chez les autres). Sur des décennies. On ne peut pas les éviter sur Terre, c'est une manière d'exister et de dire « Je suis avec toi, je t'aime, je te considère, je prends du temps, je te donne de l'énergie, j'accepte de jouer avec ta lumière » ou… « Veux-tu jouer avec moi ? » Bref, soyez créatifs, enrobez-moi tout cela avec vos mots, mettez-y votre panache, de l'humour, mais organisez-vous pour que l'atmosphère soit Vraie.

La gestuelle est significative du potentiel à donner et à recevoir. Pomper, vampiriser, utiliser… ou illuminer autrui ?

De nouveau, reprenons le mode film : visualisez le sens de l'énergie qui passe lorsque les gens se touchent. Observez leurs regards, leurs gestes, les mimiques pendant, si le corps se détend, se stresse. Et dans quel sens cela semble se partager. C'est parfois inéquitable. Ou peut-être est-ce un miroir de soi qui rassure. L'être humain aime bien ce qui lui renvoie des bouts de lui à l'identique. Sauf qu'il n'en grandit pas.

Les vrais gestes ne sont pas manifestés seulement en se croisant de-ci de-là, comme on le voit si souvent dans la société. Ils sont bien plus difficiles à installer chez soi, avec des contraires justement, les idées de chacun, que de les simuler en one man show avec autrui. Avec un bon gros sourire social bien rassurant…

Chaque geste est porteur de notre dynamique intérieure.

Ainsi, de petits gestes lumineux peuvent faire de grands effets énergétiques, tels des vecteurs. S'ils sont vrais.

Ils sont des amplificateurs de lueurs. Pétillants. Rafraîchissants. Éclairants.

Faites péter les paillettes !

Avec des gestes lumineux, l'individu existe, retrouve son humanité, peut s'éloigner, a du plaisir à se rapprocher. C'est une allée et venue de bonheur.

Un enfant non touché n'existe pas suffisamment. Le sensoriel a de l'importance dans l'enfance.

Après, au fil de la vie, des zones sensorielles différentes peuvent s'allumer. Plus subtiles aussi.

Regardez-vous bouger. Vous déplacer. Toucher.

Dans votre famille, avec vos proches, dans le cadre de votre travail.

Changez le curseur de vos impressions.

Imaginez ceux qui « verraient » votre véritable identité, telle une caméra cachée. Sans filtre.

Ayez moins peur dans le rapport au corps. L'Occident est un sas de découvertes qu'il faut savoir apprécier, il existe des pays où le geste est parfois dangereux. Chez nous, il est possible. Mettons-y de l'ampleur ! De la douceur. De la couleur.

Refusons les faux gestes, ceux qui ont pour but d'abaisser. Ceux qui ne sont pas porteurs de bonheur, ceux qui ne rehaussent pas notre humanité. Qui repoussent, blessent, avilissent, rendent dépendants sans être heureux pourtant. Il y a un choix à faire. Car même si l'origine de notre gestuelle est clairement éducationnelle et reliée à notre passé, à ce que l'on nous a appris, montré et entraîné, nous sommes tous en mesure de décider de changer.

Un geste, c'est un stade de découverte et de confiance entre deux êtres. Ce Vrai Geste se développe lorsque d'autres stades ont déjà été partagés. C'est un don, une offrande et une illumination intérieure qui fait du bien ailleurs.

Pour les « cerveaux de lumière », le regard est un geste, la pensée aussi. Surfer est une mise en bouche, une mise en reliance, alors pensez donc, sur des brins de lumière... c'est un geste grandiose pour l'humanité entière ! Dont la trace reste.

D'ici ou d'ailleurs, ceux qui savent que le geste a de l'importance l'utilisent comme un convecteur d'énergie, un traducteur de sentiments, un potentialisateur de reliance, un outil pour remplir l'espace, le nettoyer, l'embellir aussi.

Le geste est capital pour parvenir à allumer nos vies.

Jeux des transcendances
Mains en avant
Plongée au-delà-du-dedans.

Les brins de lumière, porteurs d'information ?

Un jour, il y a fort longtemps, j'ai lu qu'il existait un genre de graviton contenant le secret de la naissance de l'univers, tel un point Zéro. On pourrait parler d'un genre de DVD cosmique dans une bibliothèque de l'océan quantique. C'était beau comme image dans mes neurones. Je me le représente en métaphores, pas en mathématiques...

Comment serait-il possible de mettre ce DVD dans un lecteur ?

Les scientifiques ont-ils réussi à mettre en route le lecteur, pour voir le grand film cosmique ?

Ceux qui connaissent les théories de l'Instanton gravitationnel de taille zéro, l'état KMS (Kubo, Martin, Schwinger) ou la longueur de Planck, pourraient mieux vous éclairer que moi. J'avoue que c'est passionnant ! Et rien que d'imaginer ces scientifiques en train de dérouler leurs pensées à ce sujet, je me dis qu'ils ont dû vraiment s'éclater. S'enthousiasmer littéralement.

En dessous du mur de Planck, il existerait un océan d'énergie et des cordes vibreraient. Les mesures n'existeraient plus, ni le temps, ni l'espace, il n'y aurait plus de règles. C'est très tentant, même si c'est ultra-difficile à se représenter en partant de notre réalité. Les scientifiques ont ce potentiel magique d'illuminer des zones qui n'ont encore jamais été visitées, ils sont assez fabuleux pour ce sport.

Au même titre, il paraît qu'il y aurait un endroit, un stade, je ne sais comment le nommer, où il n'y aurait plus d'écoulement du passé, du présent, ni du futur (comme si l'écoulement du temps n'existait plus). Ces trois concepts deviendraient la même chose pour ne laisser que de l'espace. Là, à ce point précis, mon cerveau s'arrête à chaque fois quelques secondes lorsque je relis, comme un arrêt sur image. Soit parce que c'est trop difficile à conceptualiser pour moi, soit parce que cela me fait planer dans un autre... je ne sais quoi.

Et en dessous de tout ceci ? Diantre ! que se passe-t-il, moi qui adore aborder les thèmes au-delà, en deçà, au-dedans, par-delà ? Sous la surface de l'univers, tout serait noir, car les grains de lumière seraient prisonniers. La lumière pourrait-elle donc être figée ? Des rayons prisonniers de la densité ? L'homme de science a-t-il déjà compris et découvert en deçà ?

En grande néophyte que je suis, je ne progresse guère au fil des années. Je me délecte toutefois chaque fois que j'essaie d'y penser. Il paraît que la lumière s'est allumée au Big Bang et que la matière s'est créée, il y a 13 milliards et 700 millions d'années. Tandis qu'avant, tout était concentré dans une tête d'épingle. Comment est-ce possible ?

Bref, ma limite intellectuelle étant ultra-factuelle, veuillez m'en excuser. Ce que je tenais surtout à soulever, c'est que toutes les sciences réunies me tendent la main pour comprendre autrement la psychologie. Elles changent au fil des siècles notre conception de la vie, de la lumière et de l'énergie. Par extension, nos êtres devraient s'enrichir de ces théories pour comprendre le fonctionnement même de nos vies, n'est-ce pas logique ?

Dans mon humble *Psycatalyse*, je me questionne simplement :

Et si… les brins de lumière étaient porteurs d'information ?

Et si… le « cerveau translecteur » pouvait en lire des morceaux ?

Et si… les brins de lumière étaient même porteurs de l'intégralité de nos propres informations de vie, tel un appareil enregistreur qui pourrait refléter la vérité de nos actions et décisions, voire nos omissions ?

Cela m'arrangerait grandement, dans une histoire de justice universelle ! Ou cela me rassurerait, tout simplement, pour plus de justesse à tous les niveaux. Les fantasmes sont tenaces.

Poursuivons cette métaphore, car elle se rapproche étonnamment de tout ce que nous pourrions lire du côté des âmes. Je ne suis pas en mesure de vous affirmer qu'elles existent ni que les esprits, âmes ou « trucs autres que les corps de chair » coexisteraient dans des univers partagés, mais je m'amuse à imaginer que si, sur les brins de lumière, « tout » pouvait être noté, cela n'arrangerait pas tout le monde !

Et si… un monde dans l'au-delà coexistait avec nous, je présume que, sans chair ni cerveaux, aucun mensonge ne pourrait s'y infiltrer. Ce sont des trucs typiquement humains, le non-dit, le secret de famille et les mensonges. Pas de neurones, pas de stratégies de déviation, juste l'information pure, non diluée, non déviée. Cela serait ultra-cool ! Exigeant, sans doute… mais rassurant somme toute ! Dans le doute, moi, je voterais oui !

Bref, pour revenir à toutes les informations cryptées dans les brins de lumière, fantasmons, rêvons et laissons-nous dériver. Et si c'était possible ?

Eh bien, l'humanité changerait vite son fusil d'épaule, modifierait lourdement ses préjudices gratuits contre la nature, les animaux et les proches. Il faudrait naturellement commencer à changer de mœurs pour nous-même, individuellement. Et rapidement, sans aucun doute !

Entre les baromètres et les brins cryptés, diantre ! quel changement ! Je présume que, quelque part, tout se noterait sans rien pouvoir cacher. Tant de gens ayant vécu des NDE ou morts cliniques l'ont déjà expliqué. De-ci de-là, des personnalités ont exprimé qu'un Grand Livre de l'Univers note nos vies et que tout y semble inscrit (j'aime bien les livres… donc Le Grand Livre, quel top !). J'aime beaucoup cette réalité, elle me rassure. Même si toute ma vie ne fut guère parfaite, loin de là, je tente de croire que, si tout y est noté, cela me permettrait de mieux profiler les avantages et les nécessités à travailler plus fondamentalement encore que dans ma psychologie humaine. J'aimerais bien le lire, moi, ce bouquin-là ! Le Grand Livre de Notre Conscience, Actions, Pensées ET Omissions ! Nous irions plus vite, les gens seraient différents, et moi aussi.

Je ne cherche pas à vous insuffler un examen de conscience, mais le fait que peut-être… à force de les chevaucher… nous saurons un jour lire des brins de lumière. Il faut vous y préparer.

Petite prédiction : d'ici quelques années, les chercheurs sauront comment graver des informations sur la lumière. Vous verrez.

Je ne savais pas
Lumière gravée de tes larmes
Amour maintenant, je sais.

Contrer la lumière

Ping pong puis rien
Retour aux légendes
Mise en libération.

En mode d'haïku, tout est tellement plus vite exprimé ! En brin de lumière encore plus. J'essaie de dérouler toutefois…

Techniquement parlant, que diraient nos scientifiques sur le fait de contrer la lumière ? Je ne sais. Je vais donc me limiter au domaine de la métaphore psychologique.

Contrer la lumière semble faire pas mal de dégâts parmi les humains. Il y a deux catégories :

- Ceux qui la contrent, pestent, râlent, mais s'arrêtent là (un peu comme les bouffeurs d'atmosphère ou des sortes de pourrisseurs d'ambiance. Des pénibles, pas vraiment méchants, mais vraiment « pompants ») ;
- Ceux qui éteignent chez autrui les lueurs les plus profondes dans les chairs, créant des traumatismes et touchant le cœur de leur intégrité. Très dangereux, ils aspirent ce qui, précisément, représente l'humanité. Maltraitance, sévices et terribles traumatismes, retrait de la liberté, entre autres.

Les « rageurs » sont des éteignoirs d'ambiance. Ils pompent l'azote, entre autres.

Les petits joueurs et mini-prédateurs agissent plus loin, tels des extincteurs de conscience. Ils déstructurent les identités tout de même.

Tandis que les grands prédateurs font bien pire, ils détruisent quasiment la vie.

Chacun son cran.

Comment ces gens délétères peuvent-ils s'y prendre ?

En bouffant une parcelle de l'existence des autres, en leur imposant leurs déjections, en leur faisant croire à la noirceur de leur âme, en leur projetant des salissures dans tous les recoins de leur conscience, puis en blessant les chairs comme si elles appartenaient à un autre.

Je suis tellement désolée d'écrire cela… mais des gens font cela, retirant de ce fait la possibilité de toute croyance positive en l'humain. Ils défragmentent les cellules, déstructurent les polymères, touchant toutes les strates de la personnalité, ces êtres ignobles blessent le corps, les émotions, le mental, infiltrent le job, changent les relations, modifient l'espace, au fil du temps, vidant l'énergie. Tout y passe.

Lorsqu'un individu a sali, abîmé ou blessé violemment un enfant, un ado ou un adulte, la victime ressentira la blessure à chaque souffrance ultérieure, celle-ci ressurgissant des décombres de l'inconscient pour s'embraser à nouveau en partie. Une patiente me disait aujourd'hui qu'elle se sentait brûler à nouveau, du feu de ses blessures anciennes.

Lors des consultations, nous tentons de rallumer le feu divin sans heurter les brûlures de l'inconscient. Il existe une origine non blessée, une espèce de supraconscience intacte. Les séances tentent de faire revivre le potentiel qui a été stoppé, endommagé, noirci, mais qui subsiste incroyablement, lumineux au fond, telle une étincelle fondamentale de la Source. Lucide, forte, vacillante certes, mais présente. Avec la lumière, tout est possible ! La cohérence intérieure renaît, le visage s'illumine parfois, même les craintes peuvent disparaître progressivement.

On peut parler d'une « mise en libération » des fonctions fondamentales de l'individu.

D'une remise en diffusion de la lumière dans son atmosphère pour qu'elle cesse d'étouffer et reprenne le dessus sur ce qui a tenté de l'amoindrir ou de lui retirer sa liberté.

> Au fond de l'être, rien ne touche l'essentiel.

J'y crois et je leur explique simplement. Ces changements de référentiels peuvent accompagner bien plus grandement que des termes techniques psychologiques. Surtout lorsque c'est vrai ! D'un point de vue énergétique…

Culpabilisation, intimidation, manipulation, ces phénomènes d'emprise impactent la liberté. Pas seulement le psychisme. L'individu entier et son évolution. Physiquement, émotionnellement, cognitivement, énergétiquement, cela change le quantum de lumière reflétée. Certains êtres tentent d'éteindre autrui à tout prix, de l'amoindrir, ils font porter leur propre souffrance, pensant : « Puisque je souffre, alors d'autres aussi ! »

> Comment nous en éloigner ? Comment rester « allumé » face à cela ?
>
> En faisant des choix ! Pas à pas.
>
> En redevenant acteur.
>
> Parfois en se faisant accompagner.

Le « réflecteur de lumière » tente d'allumer une étincelle. Il cherche la pépite au milieu du marasme, gratte un peu loin parfois pour la trouver, puis réfléchit sa lumière. Même vacillante. Elle existe et redonne l'impression de ressentir, de revivre, donnant du sens.

Un « translecteur » est missionné pour traduire les informations diffuses dans l'univers, il est apte à « transformer » ou traduire de manière transcendantale l'énergie, l'espace et le temps sans les modifier pour des buts privés. Potentialisé à agir, il est plus outillé pour installer une mise en libération d'une personne, un groupe, une humanité, une planète, un cosmos, que sais-je encore.

De tous temps, il y eut des êtres aptes à faire cela. Parfois demi-dieux, pas toujours compris, ils ont traversé nos mythes et nos civilisations. La majorité de nos légendes reposent certainement sur ce genre de personnalités qui sont venues dans notre stratosphère pour insuffler une remise en lumière de ce qui EST. Ce qui FUT. Ce qui n'est encore pas toujours présent par les trop grandes obstructions de la lumière.

Contrer la lumière, c'est donc possible. Mais heureusement il existe des translecteurs qui relisent et relient l'univers. À eux seuls, ils tentent d'insuffler une mise en libération de chacun, pour que tout le monde retrouve son autonomie d'action.

N'oublions pas que nous sommes tous au moins des acteurs potentialisés !

Et ce… dans chaque événement de notre vie ! Y compris nos festivités…

Le fameux Nouvel An

Fête et joie
Pépiements ?
Résonance, conséquences.

Si Noël nous rappelle le style de lien que nous avons avec nos familles lors de chaque repas, le Nouvel An nous renvoie plus à la qualité des liens qui nous unit avec nos amis et/ou proches. Il représente parfois notre adaptation au reste de l'humanité. Au cercle autour.

Nos anniversaires, quant à eux, reflètent le passé, en cumulant tous ceux que nous avons vécus depuis notre naissance : la somme est-elle pour vous un plaisir neuronal ?

Si la réponse est « Que nenni », peut-être faut-il encore le travailler.

Pour les personnes dont le ressenti est connecté à d'autres réalités conjointes, le Nouvel An est bien plus que le simple lien à des amis. Il doit représenter une valeur ajoutée : on en ressort égayé, « transformé en mieux ».

Le réseau social, si lien il y a, doit apporter un allumage neuronal sympathique, l'individu ouvert doit en ressortir avec des « plus » en termes de joie et de bonnes résolutions, une nourriture incroyable ou originale, inhabituelle, bref, un must, un « plus », un « différent », un quelque chose de « nourrissant », qui a « allumé » des strates quelque part... au moins !

Cette soirée du Nouvel An peut aussi être « blessante » pour certains translecteurs, tel un gaspillage économique, énergétique, écologique, etc.

Elle peut même s'incruster tel un choc, dans les systèmes nerveux des enfants et des animaux, pendant les feux d'artifices notamment. Les chats et les chiens n'apprécient guère ces grands boums, nos vaches suisses et les animaux de la forêt, non plus... alors nos translecteurs, à votre avis ? Comme les vaches, bof, pff...

Les boîtes de nuit, pour eux, sont l'apanage des instants qui font exploser leurs valeurs et positionnent leur curseur ailleurs. Les références de sécurité intérieure n'y sont pas suffisamment représentées.

Si, en plus, ils aperçoivent au loin un irrespect de quelques damoiselles en détresse, le compte y est. Bref, après les enfants, les vaches et les damoiselles, point trop n'en faut. L'année suivante, ils s'organiseront clairement autrement !

Déjà concrètement. Car pour eux, financièrement, dépenser des sommes conséquentes pour acheter (en général...) des choses délétères pour les corps et les cellules est aberrant. Trop manger et trop boire ne sert pas à la santé.

Rencontrer, voir, aimer, partager, savourer, oui. Gaspiller l'argent, perdre des neurones (5 000 par verre d'alcool !), abuser de substances, intoxiquer son foie, perdre son souffle, devoir récupérer ensuite, bof-bof. Voire, ne pas vraiment récupérer pour ceux qui sont déjà trop endommagés... du foie ou d'ailleurs.

Voilà, entre autres, ce que les gens ouverts ou des cerveaux différents peuvent ressentir sur une fête de Nouvel An « aussi commerciale que stupide ». Elle est rarement « géniale » pour eux, à moins d'avoir abusé de jeux vraiment respectueux... dont le souvenir impérissable les fera sourire encore longtemps après.

Les éteignoirs, quant à eux, consomment à fond sans trop réfléchir... ni aux impacts sur leurs polymères, ni à la trace carbone de leur soirée.

Ces cerveaux différents préféreraient faire le point sur l'année précédente, prendre des décisions saines pour l'année suivante en accord avec le challenge de leur âme, toujours en quête de leur mission de vie...

Ils ressentent la longueur d'onde des proches, des gens croisés, leur télépathie est éveillée, tandis que les autres ne pensent qu'à eux-mêmes, sans vraiment se rendre compte de ce qu'ils se font et font véritablement endurer. D'abord à eux, puis à ceux qui sont autour, enfin à la Terre entière.

> Et si le Nouvel An était parfois un extincteur de nos baromètres intérieurs ?

Je ne ferme jamais le cabinet entre Noël et Nouvel An, tellement ces fêtes sont épouvantables au sein de certaines familles dysfonctionnelles. Certaines fêtes décevantes ont tendance à réveiller les vieux démons intérieurs, enflammant inlassablement les mêmes rancœurs.

> Et si certains cerveaux de lumière n'avaient juste pas le cœur à gaspiller leur énergie ou vitalité dans le vide ? Ont-ils tort ?

À nous de changer potentiellement notre regard sur leurs habitudes étonnantes et cryptées... parfois incompréhensibles pour le commun des mortels. Si nous avions la chance de voir leurs baromètres et les nôtres en fin de soirée, peut-être pourrions-nous mieux comprendre leur logique implacable en certaines circonstances, non ? De nombreux jeunes me disent combien les fêtes leur coûtent terriblement... Ils y vont quand même, mais leur coût est supérieur pour eux au réconfort d'avoir partagé un moment avec leurs congénères.

Certains ont même tendance à quitter des fêtes avant leur extinction, à cause des jeux ultra « limites-limites » qui font rire certains... tout en blessant ceux qui ont vécu des décès, maladies, traumatismes et autres terribles « vérités ».

Les cerveaux de lumière ne rient guère de la souffrance d'autrui, ils ne peuvent pas oublier qu'éventuellement tel mot ou phrase pourrait avoir un impact sur un être sensible. Ces cerveaux éveillés savent sourire, rire d'eux-mêmes, ils abusent d'autodérision mais n'usent pas de l'humour gras dont certains font usage.

Pour rebondir sur le gras, parlons nutrition ! Un petit jeûne le 1er de l'an ?

Ce serait idéal pour récupérer plusieurs paramètres en même temps !

Voilà exactement ce que vont faire les cerveaux de lumière : bousculer les traditions, les modifier et changer les références immuables (enfin, certains pensent encore qu'elles le sont, à tort, car tout est en train de changer...).

Ils vont peut-être estimer que remettre d'équerre leur foie et leurs cellules intérieures en ne mangeant que des pommes ou un bon jus de cèleri sera plus important que de faire le plus grand « gueuleton de l'année », parce que de nombreux humains ne profitent guère de ces mets délicats sur Terre, parce que leur corps leur envoie des signaux de repos, parce que leur envie aspire à plus de quiétude et parce qu'ils sont plus attirés par la... lumière ! Plutôt que par le traditionnel foie-gras-saucisse-bûche-au-beurre. Bon, je ne sais pas d'où provient la traditionnelle saucisse, j'avoue, mais je trouvais que la coller au foie gras et à la bûche représentait mieux l'ambiance festive de certains êtres qui ne pensent qu'à manger au lieu de se respecter. Bon appétit ! Röstis-raclette ?

Quant aux bons vœux, je vais finir par vous rassurer un tout petit peu : ils peuvent avoir du sens pour illuminer, allumer et tenter de mettre en lumière nos prières et nos vœux les plus chers. Les cerveaux de lumière la souhaitent « douce », l'année suivante, pour les gens qu'ils apprécient.

Sexe : que la lumière soit !

Bonheur et humour
ont un bébé
Ils l'appellent joie.

Eh oui… j'ai aussi osé consacrer un chapitre au sexe ! J'aurais pu vous parler d'autres thèmes, comme celui de la danse, qui met en mouvement et peut se mettre au service des plus grandes causes pour sauver les jeunes égarés ou rattraper le temps perdu des gens plus âgés. Sport, Pilates ou tango, même combat ! Merci aux éclaireurs qui poursuivent leurs missions en les partageant pour allumer les corps des mamies ménopausées, mais pas seulement ! Le sport allume les enfants, ados, adultes en quête de sens sur Terre, aussi.

La lumière illumine par le biais du mouvement, elle met en exergue les parcelles des gens.

Dans le sexe ? Idem. Enfin… tout dépend du mouvement ! Le résultat final changera.

Je ne pouvais écrire un livre sur la lumière sans en parler, d'abord parce que c'est un thème quotidiennement abordé dans ma pratique professionnelle, incontournable pour tout humain, ensuite parce que c'est tellement important de tenter d'en parler de manière lumineuse. À notre époque, ce n'est pas gagné.

Pragmatiquement, je mettrais différents stades de lumière dans le sexe. Liste non exhaustive, naturellement. À vous de broder entre les lignes !

Premièrement, le sexe bestial. Brutal. L'horrible. L'animalité sans humanité, coincée dans la matière. Aspirateur de lumière, extincteur.

Celui qu'aucune femme non pathologique ne peut souhaiter. Aucun homme sensible et sensé non plus.

La bestialité, c'est cette sexualité retrouvée dans les actes barbares, les abus sexuels, la pure pulsion imposée par un être fou, non partagée. Pulsion survenue par allumage de la « bête » qui sommeille en certains individus. Reptiliens, entre autres.

Bien pires que les animaux, in fine, car les rites animaliers n'ont pas de commune mesure avec la bestialité de certaines mœurs humaines, la sexualité animalière ayant au moins un sens naturel et sain dans l'écosystème de la vie. Tandis que cet axe de la sexualité archaïque de bas étage a pour mission de retirer la lumière, de l'empêcher de s'exprimer, de la bouffer.

De ce sexe bestial, de nombreux films, livres, vécus, histoires entendues coexistent. L'horreur.

La non-lumière dans toute sa splendeur. Je ne vous parle par des trois baromètres, en ces situations. Il s'agit de non-vie dans cette dimension-là. On peut imaginer l'arrachement des parcelles de l'âme, le psychisme morcelé et clivé, l'intégrité bafouée pour une pulsion imposée.

Avez-vous déjà vécu des actes barbares, abus sexuels, pulsions d'une autre personne imposés, non partagés ? Si la réponse est oui, en tant que victime, sachez que votre lumière intérieure peut se rallumer, même si parfois il faut de l'aide pour y parvenir. J'y crois sincèrement. L'origine même de nos êtres ne peut s'éteindre totalement. Il y a toujours un feu à rallumer.

Consultez, les professionnels de la santé ont des pistes ! Ils peuvent vous accompagner et vous proposer des séances de psychothérapie gratuites (10, voire 20, payées par la LAVI en Suisse, dans l'aide aux victimes), avec tous les conseils nécessaires voire la mise en sécurité ponctuellement. Il fait bon vivre dans un tel pays au moins pour cela, encore faut-il que les gens connaissent ce biais d'aide. La police peut indiquer la meilleure voie pour se faire aider. Un avocat aussi. Les avocats sont gratuits à la LAVI (si certains critères sont réunis, à savoir si l'intégrité physique ou psychique a été touchée). Renseignez-vous.

Ce degré de sexualité n'a pas le droit d'exister légalement, l'humanité a fini par réunir suffisamment d'informations factuelles pour affirmer que c'est pénal. Comme la pornographie (ou tout acte d'ordre sexuel) sur animaux, personne décédée ou mineur.

Si, à l'inverse, vous avez imposé des actes dégradants en abusant de quelqu'un en tant qu'acteur, ayez l'espoir qu'à force de travailler sur vous, vous pourriez non pas « réparer », mais apprendre à offrir sur Terre plus de lumière que vous n'en avez volée. Un peu de courage : consultez.

La lumière offre de nombreuses possibilités, entre autres celle d'assumer les conséquences de nos actions avec humilité et conscience. Quel qu'en soit le prix. Le chemin sera long, mais il en vaut la chandelle retrouvée. N'oublions pas que, finalement, tout humain a un droit de rédemption et que la profondeur des âmes nous échappe profondément.

Deuxième stade : le sadomasochisme, souvent par soumission traumatique sur des personnes carencées ou en difficulté.

L'excitation par scénarios, fantasmes et réalisation de ces derniers, apporte une réaction en chaîne mécanique. C'est bien plus complexe, toutefois si, dans le premier stade, on ne respecte même pas les chairs, dans celui-ci, on tente de les exciter de manière volontaire : les deux partenaires recherchent la limite de l'avidité des réactions chimiques et hormonales par surabondance d'endorphines. Les hormones ne sont pas le plus grand portail pour que la lumière soit partagée.

Rappelons que pour blesser psychiquement l'intégrité d'un individu, il suffit de lui retirer sa liberté, la possibilité d'agir et de s'exprimer par le biais de ses sens. C'est notamment la méthode privilégiée dans les enfermements, enlèvements, séquestrations, etc.

> Quel scénario se rejoue psychiquement dans cet aspect de la sexualité pour remettre en conditions ces modalités ?

Peut-être que pour certains, il serait utile de se questionner sur le fait de rejouer un genre de syndrome de Stockholm…
Peut-être attendent-ils « l'après », sorte de récompense, de réconfort, de consolation ? Enfin un câlin ? Un manque infantile ?

> N'oublions pas qu'un enfant, ou un adolescent, qui a manqué d'expériences saines pour se construire et sur lequel on a dépassé les limites (sans respecter son intégrité), pourra potentiellement devenir un adulte qui n'a plus le curseur au bon endroit, simplement au niveau de sa peau.

Son enveloppe psychique étant percée, son impression de contenant pourrait quémander un bandage (par exemple) pour se rassurer, tel un autiste en mal de relation avec autrui ou plutôt en trop plein de connexions neuronales. Son espace psychique ne fonctionnera plus selon les règles de l'harmonie.

Le sadomasochisme pourrait-il être un espace de « contention » pour une impression qui remplacerait un contenant psychique insuffisant ? C'est un peu psychanalytique comme théorie, mais cela servirait d'usage rassurant, tel un support artificiel externe pour retrouver une sorte d'expérience interne cohérente. Joker, je ne parlerai pas des pornos sado-maso ni du monde virtuel ici, ils sont les portails d'autres réseaux, fréquences et systèmes que je n'aborderai pas.

> Imaginez ces actes « sur tous les humains de la Terre sans exception » (c'est un exemple de projection mentale pour vous aider à imaginer les effets et les conséquences de ces actes sado-maso), quel impact cela aurait-il sur l'humanité « tout entière » ? Visualisez un seul instant, cela devrait suffire pour le voir.

Les patients qui parlent le mieux du sadomasochisme sont en difficulté pour identifier diverses émotions, cryptant les sensations. Nombreux sont ceux aussi qui fuient l'humanité ou expriment (dans les autres domaines de la vie, loin de la sexualité) que les autres humains (dans leur travail ou dans d'autres dimensions) sont vécus potentiellement comme étant insécures, pénibles, toxiques ou carrément dangereux.

> Rejouer le pire permet-il aux gens de reprendre le contrôle et de se donner une impression de sécurité ?

Peut-être existe-t-il un bug d'adressage GPS de la trajectoire des pensées, du bagage génétique et/ou de la gestion cérébrale (comme on peut le rencontrer dans certaines pathologies sexuelles) ? Peut-être un blocage à un carrefour donné de l'évolution des strates de la personnalité ? La perte des réverbères qui jalonnent la vie.

Celui qui impose en version sadique, domine, maltraite, a un pouvoir sur l'autre et surfe sur la limite de l'admissible ou du supportable. C'est notamment ce qui l'excite. Avec grand « art », il sait s'arrêter, soi-disant, avant de blesser l'intégrité. C'est ce qui « devrait » le différencier du stade précédent.

> Les meilleurs partenaires qui jouent le rôle du soumis, version masochiste, sont ceux qui ont fréquemment souffert durant leur enfance, leur adolescence et/ou dans leurs couples précédents : propices aux états dissociatifs post-traumatiques, ils sont habitués à « se taire ».

On peut d'ailleurs « jouer » très loin avec eux de ce fait, mais si l'on observe de plus près leurs mécanismes de défense, ils ont perdu la possibilité de choisir et de réagir puisqu'ils sont finalement dans un état clivé ou dissocié.

Mettez un cerveau translecteur qui observe au coin de la pièce pendant l'acte. Pas un voyeur, un vrai translecteur ! Avec du cœur, de la douceur, de la compassion, bref apte à observer la situation avec un regard lumineux, sans la juger. Je me demande s'il parviendrait à rester indemne longtemps, d'ailleurs…

> Imaginez et détaillez *l'espace* pour vivre le sadomasochisme. Au premier degré, visualisez les ustensiles nécessaires. Le *temps* que cela prend ou dans quel sens va *l'énergie* vampirisée.

Imaginons de quelles couleurs cela rayonne, avec quelle clarté cela évolue, avec quel style de « douceur » ambiguë les âmes sont remplies, comment sont les traces des baromètres, l'atmosphère de la pièce, la texture de l'émotion, le genre de lumière utilisée (je parlais de la lumière au fond des cœurs, pas celle de la pièce !).

Je vous laisse faire l'exercice de style espace-temps-énergie, avec baromètres compris. Après une longue séance sado maso, à votre avis, à quoi ressemble le tournage de la vie ?

N'allez surtout pas penser que vos neurones seront indemnes si vous vivez cela régulièrement. Ni votre cerveau, si étranglement il y a...

Là est toute la panoplie des « gens qui croient bien faire » tandis qu'ils se blessent mutuellement, petitement, moyennement ou grandement, violemment ou pas, mais sûrement.

Que tous ceux qui ont vécu ces séances sadomasochistes soient rassurés, les traces ne restent pas nécessairement une fois le processus compris et dépassé. Enfin... cela dépend. Car plus la violence aura été excitante et répétée, plus la dépendance fut grande, l'addiction hormonale avérée, plus les traces neurologiques et énergétiques seront tenaces.

Les jeux sexuels inventés par l'humain ont toujours existé, cela ne sous-entend pas qu'ils soient bénéfiques pour l'équilibre psychique et l'harmonie de la communauté.

Les blessures réciproques contribuent à nourrir d'anciens traumatismes. Notez que sur un trauma préexistant (viol, maltraitance, violence), même datant de décennies, cela recrée d'autres microtraumatismes ajoutés. Une personne non traumatisée psychologiquement ni blessée quelque part ne serait pas censée accepter une relation sadomasochiste, elle prendrait la liberté de dire « non » avant d'avoir perdu du temps, de l'énergie et sali un espace précieux dont nous sommes responsables.

La somme finale de vos vécus vous donnera le genre d'intimité que vous allez développer au sein de votre sexualité...

... Jusqu'à ce que vous travailliez sur vous, pour retrouver le fond de votre propre identité, votre lumière et non pas celle que les autres voudraient que vous allumiez chez eux...

Que fait la lumière pendant l'acte sadomasochiste ? Elle défragmente l'âme, l'être, elle le projette dans un autre espace-temps, le temps d'un instant, avant de revenir... au réel... qui ne lui convient guère. Quête d'un autre monde, d'autre chose ? Recherche vide d'un espace

« contrôlé » sans manifestement comprendre de quelle manière les « conséquences » vont « l'endommager ».

N'oublions pas, pour positiver, que les gens qui ont vécu des traumatismes sont souvent de splendides résilients, avec une richesse d'expérience qui permet d'avoir une vision plus holistique de la vie. Peut-être qu'à ce moment de compréhension plus large il est nécessaire pour eux de ne plus impliquer ces scénarios en boucle dans leur intimité pour partager le meilleur d'eux-mêmes... « autrement ».

Troisième stade : la sexualité action – réaction... par frottements.

La métaphore n'est pas très poétique, elle parle d'elle-même : action-réaction par frottements. Ce n'est pas nécessairement folichon, pas ultra-grave, mais sincèrement pas vraiment épatant. À coup de frottement du silex, quelques étincelles pourraient en émerger. Ou pas.

Sans trop de commentaires à ajouter, pas ultra-lumineux dans les souvenirs de nombreuses patientes. Presque dommage, sans trop d'allumage. Même si les hormones font officiellement courageusement leur job.

Peut-on imaginer une perte de temps ou un gain ?

C'est fonctionnel pour faire les bébés, malgré tout. L'éjaculation-matière par frottement et par action-réaction est un classique de l'homme, une certaine limitation... aussi. Elle n'est toutefois pas systématiquement coordonnée avec l'orgasme de l'autre dans ce cas de figure.

Peut-on fantasmer un gain d'énergie ? Ou une perte d'énergie ?

Visualisez bien : action – réaction par frottements.

Très peu d'espace nécessaire cependant ! Sans commentaire pour cette mise en image.

Par pure curiosité, vous allumez-vous intérieurement en lisant cela ? Peut-être un peu plus que lors des paragraphes précédents, encore que… la totale fluidité n'est pas complètement illuminée. Luxure n'a jamais été synonyme de lumière, bien que commençant par le même « lux ».

Quatrième stade : l'allumage des centres d'énergie entre deux personnes.

> Parlons enfin de rencontre ! Cela présume une connexion, quelque chose de plus magique, d'inoubliable. Les trois petits baromètres sont contents !

Vous sentez comme nous respirons mieux en lisant cela, mesdames ? Nous nous rapprochons du « bon » vieux roman. Damoiseaux, je ne peux savoir si vous en souriez, je ne possède pas votre organe ni vos fonctions cérébrales, à vous de me dire.

Loin de l'éjaculation si prisée par certains, nous abordons ici la jaculation, à savoir un certain jaillissement ardent. J'ai le souvenir d'avoir beaucoup ri en lisant que le « jaculatoire religieux » exprimait un vif élan de la ferveur vers Dieu ! Je ne saurais donc si ce stade s'en rapproche… toutefois il semble moins obsédé du matériau. Plus de lumière peut-être, de légèreté, s'y reflètent. Et d'humour… naturellement.

Mes patientes me décrivent volontiers une difficulté à revenir au stade précédent lorsqu'elles ont touché du bout du doigt un partage plus profond. Certaines dames ne désirent plus le frottement. Les damoiseaux, soit parlent moins de cela, soit ils abordent plus crûment leurs besoins mécaniques-matériaux-exigences. Cela retire rapidement le charme, la poésie, sans doute aussi la possibilité d'un allumage avec leur partenaire.

Lorsque ce degré de partage s'insuffle, les deux personnes ont généralement l'orgasme en même temps. C'est même un indicateur. Pour cela, il faut vibrer à deux. Même tempo, espace partagé, énergie lancée, acte régénérant. Pas besoin de le répéter indéfiniment. Une bouffée de quelque chose qui fait grandir chacun différemment.

En revanche, *nota bene,* le sexe a cela de dommage, c'est que même un très bon translecteur ou réflecteur de lumière ne pourra pas insuffler la lumière à un être qui ne la souhaite pas, qui ne la vibre pas.

Il faut être les deux en potentiel, en envie, en vibration, pour allumer l'espace-temps. D'où la belle communication.

Avant d'allumer un ou une partenaire via la sexualité, sans doute beaucoup d'autres douceurs devront être traversées avant de laisser les pulsions surfer sur un brin de folie joliment réfléchi à deux.

Ceux qui vivent ce stade pleinement n'ont plus tellement besoin d'en parler, ils l'apprécient, le vibrent et aiment le développer. Les thèmes thérapeutiques surfent alors sur d'autres dimensions. Car celui de la sexualité est un acquis. L'être se met en condition, ouvre ses vannes et régénère ce qui doit l'être.

Les consultations des gens en souffrance s'arrêtent plus volontiers aux trois stades précédents… avec une multitude d'exemples, tous plus aptes à vidanger, blessants généralement.

Même au stade 3 précédent, certaines personnalités ont l'impression de vivre des choses existantes, tandis qu'elles jouent avec des espaces vides, inter-échangés mais non connectés, avec des paroles peu énergétiquement remplies.

Tandis que lorsque ce stade de l'allumage des centres énergétiques est installé, les deux êtres se connectent progressivement sur des niveaux de vibration de plus en plus élevés, transmutant ou reflétant la lumière dans leur acte, transcendant, allumant d'autres espaces-temps quantiques. Cela remplit sur plusieurs niveaux en même temps.

Le sexe a toujours été un sujet incontournable pour tous, mais à ce stade, l'être a le plaisir, la jouissance et la joie de pouvoir le vivre à tout instant, en toute liberté, avec peut-être pas une montée de Kundalini systématique, mais du moins un allumage : ce qui signifie bien l'action d'allumer un feu et un éclairage. Dans ce cas, les gens ont tendance à trouver la vie très belle ! Ils parlent de papillons dans le ventre, de soleil dans le cœur, de pépites dans les yeux, d'auréoles de bonheur.

Les stades suivants échappent encore un peu à l'humanité, il s'agit d'une mise en connexion encore plus vaste, à des systèmes, des dimensions, des inter-univers.

Tel un don à l'univers, l'être canalise, reçoit, réceptionne et émet, en accord avec l'ouverture des espaces différents. Lesquels ? Brodez cette fable comme vous pourrez ! Elle est mignonne, n'est-ce pas ? Vaste. Splendide.

C'est un genre d'explosion de feux d'artifices intérieurs, en accord parfait aussi avec l'extérieur. Dedans et dehors reliés dans une seule unité. Les corps ne sont pas seulement les catalyseurs, mais aussi les antennes paraboliques d'autres dimensions. Bref, c'est un chouette partage !

Plus uniquement pour la jouissance du corps, dans un espace rétréci d'une chambre, ni pour soi égoïstement, ni pour l'autre, mais pour un lien plus vaste. Inter-espaces, inter-temps.

D'étonnantes séances décrivent ce genre de sexualité, par exemple avec deux personnes dormant et parvenues à avoir un orgasme (pendant leur sommeil !), en même temps, en plein cœur de la nuit, au beau milieu de rêves… resplendissants.

Les corps s'alliant avec d'autres genres d'espaces-temps dans une apothéose de lumière. C'est un genre de transcendance espace-énergietemps. La sexualité s'harmonise donc dans la lumière, les couleurs, l'arc-en-ciel et l'au-delà (et pas simplement courbes-odeurs-température).

Bon film, n'est-ce pas ?

Un individu peut vivre ce genre d'expérience sexuelle seul aussi, ce qui comble assez bien le champ de l'incarnation des solitaires éveillés. Mais là, je n'ose pas vous dérouler leurs rêves…

Bref, notez simplement que cela sort du champ conceptuel limitatif du couple, aussi.

Et deux translecteurs ensemble, sexuellement, à votre avis, cela donne quoi ? De grandes soirées ! Plus besoin de télé. Pas le temps de s'abaisser. Une vraie boîte de nuit portable dans leurs neurones, des liens avec d'autres mondes indescriptibles. Ils n'abusent plus, ils utilisent ! Acteurs, créateurs, cocréateurs, récepteurs, translecteurs, c'est un vrai job à plein temps !

Non je plaisante.

Pour les novices, sachez simplement que cela existe et que l'être humain a encore de la marge avant de réellement découvrir tout ce que la lumière offre en possibilités du côté de la sexualité avec la magie quasi mystique du développement des sens. Le corps humain est magique, splendide, merveilleux, spectaculaire sexuellement. Tellement vibrant. Excitant positivement, réjouissant. Encore faut-il ne pas l'avoir bafoué auparavant. L'être éveillé, empli de belles ondes, peut nourrir de nombreuses strates en activant simplement sa jouissance orgasmique reliée à d'autres espaces-temps, c'est une question d'entraînement. Un vrai plaisir de l'ensemble.

Bon… l'inconvénient notable étant que dès que l'individu y a goûté, il revient rarement dans les basses strates de la réalité des premiers stades. À moins que cela ne l'amuse énormément. Liberté oblige !

Après de telles lignes, difficile de pondre un haïku grivois, humoristique, étonnant, philosophique, factuel, sexuel, poétique et à la fois lumineux…

Pénis dans la Terre : géothermie !
Doigt en l'air : pouvoir des faibles.
L'amour véritable respecte et fleurit : tout l'univers sourit ;-)

Bricolages magiques ou art quantique ?

Objet ou énergie ?
Magie quantique
Portail cosmique.

J'ai trouvé que l'enchaînement du sexe aux bricolages était parfait !
Vous m'en direz des nouvelles…

> Les cerveaux de lumière, lorsqu'ils ne brassent pas les corps ou les
> traditions, ils brassent les matières et interconnectent les espaces. Bref,
> ils bricolent !

Mais, naturellement, ils ne vont pas le faire comme tout le monde.
L'objet devient catalyseur de tout le reste de leur réalité. En effet, ces
êtres « allumés » ne vont pas juste « bricoler », ils vont « illuminer la
matière », parfois sans s'en rendre compte, ce qui d'ailleurs les rend si
touchants et artistes dans l'âme.

> Ils ne fantasment pas seulement sur un objet à réaliser, non, ils vont le
> relier, le connecter. À leurs valeurs (nombreuses), leur philosophie, à la
> clarté de leur vie.

Ils vont tirer des conclusions avant d'avoir commencé.

Ils souhaitent voir le produit vibrant et quasiment survivant d'entre les
matières.

Ils s'insurgent si cela ne ressemble pas aussi fortement à ce qu'ils
projetaient.

Et enfin… ils adoreront ces objets qui leur rappellent la possibilité de faire les « liens » qu'ils avaient… fantasmés ! Des liens entre les zones de leurs aires cérébrales, en même temps que des liens entre les différentes couches de leur inconscient, entre les diverses matières et des liens qui nous échappent naturellement : inter-espaces, inter-matières. Mais pas eux.

Bon, pour certains, la lumière est matière, ne l'oublions pas.

Ils vont se mettre à charger des pensées positives dans chaque point de couture.

Mettre des valeurs entre les lignes de chaque écriture.

Dessiner des sphères en se reliant au fond de leur nature.

Ou alors, encore mieux, partir à l'aventure chez Dame Nature… avant de ressentir vibrer l'œuvre future. En accord avec tous les êtres de la nature naturellement !

Une tapisserie leur prendra peut-être 800 heures pour la réaliser, qu'importe, ce n'est pas tant le résultat final qui comptera, mais le fait de mettre bout à bout des pensées rayonnantes à l'intérieur comme si une pensée pouvait se lier à un fil de l'infini et continuer de vibrer. Qui sait.

Dans l'art, il s'agit toujours de cette interconnexion magico-phénoménique entre le psychisme et les matériaux, entre les différents univers qui confectionnent notre vie sur Terre et le sens que nous leur allouons.

Pour ces translecteurs de lumière, pourvu que chacune de leur pensée, pendant ces heures déroulées, soit digne, évolutionnelle, lumineuse… et pure. Comme si des points de couture rayonnaient et donc pouvaient éveiller l'âme de ceux qui les regarderaient ultérieurement.

Merveilleux, comme mythe magico-phénoménique, n'est-ce pas ?
C'est très occupationnel.

Et si c'était vrai ? Nous pourrions en faire un conte pour enfant ou un beau dessin animé.

Il serait passionnant de laisser parler des médiums allumés décrivant certaines œuvres. Vous imaginez ? Comme le réel nous apparaîtrait plus subtil et vibrant ?

J'arriverais presque à parler d'art catalytique, voire d'art quantique !

Un objet peut-il avoir comme mission de devenir réflecteur de lumière ?

Apte à éveiller la quantique de l'humain ou allumant simplement le fond de nos cœurs… qui du coup dégagerait du bonheur ?

Au fait, le bonheur ne serait-il pas synonyme de lumière intérieure ?

Reprenons notre tapisserie, elle pourrait, selon eux, représenter un objet, sur un axe central. Plusieurs éléments sur cet axe nous rappelleraient le corps, l'émotionnel et le mental. Des liens obligatoires entre les trois se noueraient, dans une fusion ou cohésion. Un sens de la circulation resterait aisé à observer pour celui qui serait éveillé, une interaction, une réciprocité aussi… Bref, l'objet pourrait représenter l'être et son montage intérieur. L'ADN étant porteur de données, il est bon de le représenter, alliant l'infiniment petit à des théories karmiques intégrées.

L'art catalytique étend la conscience de celui qui sait le regarder émaner de l'infiniment petit à l'infini grand. Tel un prisme ou un kaléidoscope.

Tout étant relatif, cela dépendra du cerveau observateur. Réflecteur ? Translecteur ? Animateur ? Cocréateur ? Admirateur ?

Un objet magique pourrait même reconnecter des dimensions oubliées dans l'inconscient (collectif ou non). Lorsque les philosophies, religions et théorisations restent insuffisantes ou dépassées, que reste-il à notre cerveau pour compenser ? Pour rester labile, vivant et en équilibre dans un au-delà intégrateur ? L'art ! Tel un trait d'union entre diverses dimensions.

Certains bricolages auraient ce sens magique, ou du moins certains humains auraient l'envie que cette magie existe.

Certains artistes rares mettent leur âme au service de la lumière, à nous de le voir. Pendant leur création, leurs connexions neuronales les rendent heureux. Et s'ils ont bien réussi, nous aussi.

Trois modèles peuvent s'interposer en tout objet artistique :

1- Le modèle catalytique (d'une cellule, d'un atome, en réaction biochimique, visible et reproductible) ;
2- Le modèle psycatalytique (d'un être vivant, dans son cadre, pour une reliance plus large entres plusieurs dimensions) ;
3- Le modèle ergocosmogénique (d'un système plus vaste encore, cosmique, intergalactique).

Jusqu'où pourrions-nous aller ? Je suppose jusqu'à l'infini en kaléidoscope pour retomber sur l'essence de la vie. Qui représente l'ultime simplicité.

Théorie très complexe et à la fois simplissime représentant la vie, l'art des lumières fera vibrer certains cœurs, allumera certains cerveaux et fera du bien partout. Maîtrisant la psychologie, l'énergie et l'état d'être, l'art quantique devrait même permettre un saut quantique intrapsychique. Un genre de bond en avant, moment délicieux où l'individu a enfin compris, car il s'est allumé nouvellement. Il peut progresser.

Ces cerveaux translecteurs « mettent en lumière » le rien, l'insignifiant. Qui pourtant fait exploser la conscience. En mieux.

En revanche, ils aimeraient parfois « éteindre » ce que notre triste humanité adore « illuminer » comme étant très important, bien que factice, voire salissant. Par exemple, les décorations de Noël, si commerciales mais peu écologiques. Pour eux, durant les fêtes, c'est souvent l'inverse qui va s'opérer. Leur référence étant la lumière, elle ne peut supporter le gâchis, l'inutile et le vide.

Pas de déco, pas de cadeaux ! Mais de la lumière *tous les jours* si possible dans les cœurs et dans les mœurs. Et dans leurs bricolages incroyables, auxquels il faudra réfléchir à deux fois avant de les jeter. On ne sait jamais qu'ils rayonnent vraiment ! Observez ces choses faites par certains enfants…

Ou grands enfants.

Étant donné que les objets sont des utilitaires aptes à refléter la lumière, entre autres, je pense aux reliques auxquelles s'attachent certains êtres pieux.

Et si… ces individus avaient eu la capacité de vibrer de tellement d'amour intérieur que leurs habits en furent imbibés ?

Et si… c'était la lumière qu'ils ressentaient sur ces anciens objets ayant appartenu à un être comme Padre Pio ou saint Nicolas de Flüe ?

Certains appellent cela spiritualité...

Je prie
Terre – galaxie – multivers
Brins différents, même lumière.

Et si... la spiritualité n'était en fait qu'un accès à une lumière transmise ?

Et si... la foi n'était en quelque sorte qu'une très grande confiance en ce grand Ordre des « choses » si bien organisées et donc méta-structurées ? Dans l'espace, l'énergie et le temps ?

Je n'ai sans doute pas tout compris dans la phrase « au commencement fut le Verbe », mais ce que je sais, c'est que derrière chaque mot, il y a une sensation, une énergie, une fréquence et/ou une vibration, une tension, un genre de « frout » unique.

Ce mot « frout » est un nom dérivé du breton, signifiant un torrent ou un petit courant d'eau rapide. Vous pouvez aussi, comme moi, l'utiliser telle une circulation d'énergie mise en mode d'onomatopée.

Le frout est capable d'exprimer des brins de lumière. Que chacun capte différemment. C'est la raison pour laquelle je conjugue depuis des décennies le mot « frout » : je froute, tu froutes, il froute, nous froutons... C'est devenu une habitude familiale, il est désormais passé dans notre vocabulaire courant.

C'est pour moi une onomatopée digne d'exister pour exprimer la circulation de l'énergie, loin de moi la pensée associée à un « prout » qui porterait à confusion. Cet exemple vous permettra pleinement de comprendre combien les mots s'expriment différemment selon les cerveaux ! En effet, pour moi, lorsqu'il y a un « maxi frout », c'est qu'il y a un grand flux vibratoire et une augmentation de la lumière, voyez-vous ? Loin des pets vaginaux ! Car il paraît que cette définition existe aussi...

Pour les néophytes, un grand frout peut signifier une grande rivière de vie avec beaucoup de paillettes, c'est plus facile à imaginer.

Si nous restons dans la métaphore, reprenons nos rêves d'enfant et nos livres d'histoire. De nos bouches sortent toutes sortes de sons, vibrations que nous pourrions imaginer sous forme d'animaux comme dans les contes pour enfants. Les sorcières ont bien des crapauds et des serpents qui sortent de leur bouche ! Si je me souviens bien, les princesses ont des fleurs et des cœurs qui coulent comme une rivière lorsqu'elles parlent. C'est normal, ce sont des princesses ! Ne pourrions-nous imaginer nos cerveaux comme des machines à pop-corn desquelles sortiraient de petits résidus : plutôt amers ou au goût sucré ? Couleur caca d'oie ou fluide comme un cristal ? Bref, de nos bouches sortent des flocons de pop-corn différents selon l'humeur ou la saison.

Le Verbe a ce pouvoir de nous permettre de délirer, il m'aide à vous aider à surfer différemment, j'en abuse ici à escient pour changer vos connexions neuronales et leur permettre de s'ouvrir : en effet, noter le mot « humeur » nous rappelle des impressions, sensations, émotions, vécus, souvenirs, que sais-je encore. Je note le mot « saison » juste derrière et notre cerveau doit stopper sa trajectoire et changer de direction. Hiver ? Printemps ? Couleurs ? Odeurs ? Je perturbe à volonté vos trajectoires pour les libérer ou leur permettre de penser « autrement ».

Le verbe parvient à embellir la vie ou la salir. À nous de décider. Il possède une magie. Sans doute les anciens souhaitent-ils nous en avertir en l'écrivant dans les grands livres de la vie et les textes sacrés.

La spiritualité est souvent basée sur de grandes vérités simples à appliquer. Certains y parviennent, d'autres pas. Certains les comprennent et sont même missionnés pour l'expliquer à autrui.

Et si… les êtres spirituels n'étaient, in fine, que des « cerveaux de lumière » habilités à recevoir des messages universels diffus dans l'atmosphère (ou cryptés dans les textes sacrés) qu'ils changeraient en pop-corn à déguster ? Et s'ils essayaient de nous les faire savourer ? Car il n'est pas suffisant de les lire ou les voir, encore faut-il les vivre dans des actions ciblées !

Il y a toujours eu des diversités au sein de l'humanité, des méchants et des gentils, des êtres d'exception aussi, depuis la création de la race humaine, la diversité fait partie du programme. Donc il y a toujours eu des « cerveaux de lumière » depuis la nuit des temps ! Des catalyseurs, des translecteurs, avec des essais de diffusion, tels de pauvres prophètes souvent non respectés.

Je dis « pauvres », car être prophète fut certainement un métier fort difficile au fil des millénaires, pas toujours très valorisé, rarement reconnu, je crois non payé, tandis que ce devait être vécu par des individus missionnés qui transféraient le meilleur message possible en un temps voulu, avec saut quantique intégré, tout simplement. À la lumière de leur captation ou transmission, ils devaient éclairer les hautes sphères des hiérarchies, informer les peuples, diriger les royaumes par leurs conseils avisés ou carrément l'humanité. Or, si mes souvenirs sont bons, ils furent rarement écoutés, beaucoup chahutés. Souvent exterminés. Comme de nombreuses personnes missionnées à transmettre un message de lumière, soit dit en passant.

Les prophètes de la Bible ont beaucoup travaillé, mais pas toujours été très heureux ni rassurés dans leur mission. Quel poids ! J'ai beaucoup de compassion quand je pense à eux. Prenons l'exemple de Moïse : ayant reçu le feu de Dieu dans un buisson ardent, il eut pour mission et responsabilité de mener le peuple juif à fuir l'Égypte. Quelle ne fut pas sa destinée entre son peuple, les messages qu'il recevait de Dieu, Pharaon et toute sa clique ! Je m'imagine que si des fées se penchent sur certains berceaux, celles au-dessus du berceau d'un prophète doivent avoir fort à faire pour ne serait-ce que le soutenir dans son action pendant toute sa vie. Il doit y avoir du job.

Si nous prenons un autre exemple, dans le Coran cette fois-ci, le Prophète eut aussi une très vaste mission de transcription des connaissances dans la langue de Dieu. Pour les vrais érudits, le Coran posséderait plusieurs dimensions : le Coran matériel serait une représentation « dans la matière » (ici-bas) de la lumière divine, un alias de la « vraie » énergie, si vous préférez. Le Coran aurait été « incréé », son contenu étant en Dieu. L'ange Gabriel, appelé aussi Jibril, aurait eu pour mission de transmettre à Mahomet le texte originel de Dieu, coexistant ailleurs. N'est-ce pas merveilleusement magique, comme allumage d'un texte ?

Une lumière divine, incréée, transmise, puis décryptée par un cerveau humain, bref une machine à pop-corn quantique, in fine ?

Mahomet aurait donc été un translecteur de l'énergie divine, du Coran Céleste, via un ange, ici Gabriel. De quoi déculpabiliser de nombreuses personnes clairaudientes, car le phénomène date visiblement de fort longtemps. Respect !

Bref, si je m'attarde un instant sur les prophètes, c'est qu'ils eurent des impacts sur l'humanité entière. En effet, ces textes sacrés influencent aujourd'hui encore combien de milliards de gens sur Terre ? Disons avec légèreté qu'ils étaient en avance sur leur temps.

Si je regarde de plus près le Coran, il y avait déjà bien des magies décrites en son sein, des incantations thérapeutiques, des talismans de formules, des rites de guérison. Nombreux sont ceux qui disent que des clés sont cachées dans les textes sacrés. Malheureusement bafouées, comme vous le savez. J'imagine que certaines personnes peuvent en un instant décoder certains messages spirituels cryptés, d'autres pas. Idem pour la Bible ou d'autres textes sacrés dont les prophéties, selon la théorie, purent être apportées par le Saint-Esprit ou Dieu lui-même. Et si nous mettions le mot lumière à la place de Dieu, pour que tout le monde puisse y trouver un accès ? Pour que les gens qui ne croient en rien parviennent à trouver un jour la foi en une chose magique qui puisse les soutenir et qui Existe, tout simplement. La lumière. Ou la langue de Dieu. Qu'importe, pourvu que l'humanité s'éveille.

Ce que je trouve surtout passionnant à soulever, c'est que ces anciens textes furent dictés à des « prophètes »... qui trans-traduisaient un message quantique crypté incréé, « entendaient » un Dieu, un ange, une lumière originelle... venant d'un au-delà... et qu'ils ont déroulé les idées censées être porteuses de lumière sur des rouleaux de papier. Si nous le comprenions avec justesse et traduisions avec cohérence, cela devrait nous mener à plus de respect.

Revisitons les religions autrement. Il n'y a pas de haine à avoir entre les religions, ne seraient-elles pas simplement une tradition différente de messages divins incréés, donc de quelques informations diffuses quelque part ? Selon le prophète et sa traduction personnelle entendue, selon son genre de translecteur et son accessibilité... les données varient, mais doivent se rejoindre, in fine, si elles manifestent la bonne information.

Un être spirituel est un être qui applique ses valeurs, ses idées, des pensées profondes et qui les assume, ici comme dans l'au-delà.

C'est un être qui ne se défile pas.

Un être qui assume sa foi comme ses croyances en un au-delà, en deçà, par-delà en souriant. Ou du moins... il essaie.

La spiritualité, c'est l'essai avant la mise en lumière, le sport intensif avant la réussite.

Si les cerveaux translecteurs tentent de diffuser la lumière, les êtres « uniquement » religieux adorent en parler, certains missionnaires essaient d'imposer aux autres d'adorer en parler (ce qui ne veut pas dire qu'ils la vivent pour autant). À chacun son cran de conception de la vie.

De vraies personnes connectées (pas les imposteurs ni les abuseurs cachés derrière une aube) tentent de défier l'espace, l'énergie et le temps pour allumer les cœurs. Ils s'y entraînent. Toute leur vie durant. Pour parfois... un jour... ressentir une sincère illumination.

Le plus difficile étant de la maintenir, évidemment !

Indépendamment des religions, les prières sont censées connecter l'individu qui prie au Divin ou à la Lumière (nous pourrions reprendre les textes et remplacer Dieu par Lumière, cela irait très bien aussi).

La prière est une reconnexion à l'âme, à d'autres sphères qui interagissent avec ce qui est « en bas ».

Petit rappel, de nombreux textes affirment que « tout ce qui est en haut est comme ce qui est en bas ». Ce n'est donc pas gagné…

Aussi, les prières auraient pour but de bousculer les schémas intérieurs négatifs pour illuminer les comportements, les espaces, les lieux, les maisons, les individus et les actions.

N'est-ce pas tentant d'imaginer que nous avons tous ce pouvoir d'illuminer un objet ou une situation de la lumière ? Prions.

« Que la Lumière soit ! » serait donc l'une des plus belles prières. Ou « Indiquez-moi le chemin »… avant d'y arriver.

Reliant l'individu à la Juste Place ou tout simplement à son axe, la lumière EST. Ajoutez-y quelques paillettes et le tour sera joué.

Nous pourrions aussi prier ainsi : « Que tous les acteurs qui ont participé à ces faits reçoivent la lumière divine immédiatement ou soient transfugés dans l'espace en adéquation avec leurs actes ! Que la lumière soit ! » Ou « Qu'il en soit ainsi, na ! »

Ainsi, tous les acteurs, morts ou vivants, qui auraient abusé de leur pouvoir de manière néfaste sur toute personne instrumentalisée, seraient transférés dans un espace de lumière ou d'isolement. J'aime bien l'idée.

La magie a toujours fait partie de la spiritualité.

Ce n'est pas infantile d'oser croire qu'il existe une justice divine qui peut accompagner les victimes et agir plus puissamment que nous, c'est réaliste quant à notre petitesse. C'est accepter qu'il y ait plus puissant que nous, c'est remettre l'église au milieu du village en cessant notre toute-puissance narcissique pour aller vers plus d'humilité. C'est enfin accepter que nous, seuls, ne pouvons pas tout régler.

Déférer, demander, insuffler, relayer à des saints, guides, anges, un ou plusieurs dieux ou des hiérarchies divines nous permet de nous délester d'une parcelle de responsabilité de la finalité, qui, in fine, ne nous revient pas, car nous ne sommes pas suffisamment clairvoyants pour parvenir à la définir clairement. Autant y être aidés.

Cependant, prier ne nous déleste aucunement de notre devoir de mise en lumière, encore moins de notre travail sur nous pour y parvenir de mieux en mieux.

Des phrases comme « Demandez et vous recevrez » sous-entendent que nous ne sommes pas seuls et que nous pouvons être accompagnés et aimés. Essayez, on ne sait jamais, que cela marche ! Ce serait cool. Peut-être que des translecteurs qui s'ennuient pourront vous accompagner un peu.

Certaines personnes d'exception sont aptes à aider la Terre par de simples vibrations.

Elles parviennent à une mise en libération de zones obturées et à une meilleure diffusion de la lumière dans l'atmosphère.

Dans ce monde de la lumière, le « pouvoir » n'existe pas vraiment, ou peut-être uniquement de la part des êtres véritablement éveillés. Le seul pouvoir dont nous disposons, c'est d'appliquer les lois de l'univers. La

« puissance » n'est que le vecteur de la mise en mouvement. Nos références changent si nous les unifions, donc agissons.

Derrière les religions, il existe de nombreuses métaphores qu'il peut être aisé de revisiter pour les « allumer » autrement. Il suffit pour cela de remplacer les mots Dieu, Bouddha, Mahomet, tout mot représentant la déité, par le mot « lumière ». Essayons.

Dieu nous offre des possibilités infinies = la lumière possède des milliards de chemins possibles.

Dieu est en nous et partout = en effet, la lumière existe en nous et partout.

Diriger sa vie vers Dieu = diriger sa vie et ses pensées vers la lumière. Faire grandir sa lumière intérieure éloigne des peurs. Enfin une lanterne interne personnelle et au passage une thérapie pas chère !

Dieu nous donne les outils pour nous transformer en mieux. La lumière nous apporte un tel éclairage si nous y pensons souvent.

Nous sommes immenses dedans puisque Dieu nous habite. C'est juste d'un point de vue de la lumière et… naturellement, nous sommes immenses dedans. De l'infiniment petit à l'infiniment grand, la lumière change nos références. C'est tellement valorisant !

Nous sommes les enfants de Dieu. De fait, sans lumière… pas de vie !

L'amour divin au fond de nous attire le meilleur. Bonne pub pour avancer. Certainement, plus nous avons de lumière intérieure et plus nous vivons le meilleur.

Nous ne devons rien aux autres, c'est devant Dieu que nous répondrons : un bon moyen de cesser d'exister dans le regard des autres, pour être au fond de soi et de sa conscience uniquement.

Le divin au fond de nous nous apporte joie et réalisation de ce que nous possédons de plus digne. Idem, dans la mise en lumière.

Tentez. C'est un exercice de style qui a le mérite de positiver, avec paillettes à la clé !

La lumière transforme, libère, nettoie. Un vrai Kärcher magique, gratuit, abordable, imaginable !

Pour ceux qui mettent le matériel comme seule religion, il sera plus compliqué de faire cet exercice de style. Point de magie dans l'ultra-concret. Certains individus tentent de gagner plus de matériel, ils ont aussi tendance à perdre leur vie à tenter d'en gagner plus. Perte de temps, d'énergie, moins de lumière, dommage. Tandis que d'autres tentent d'améliorer leur vie par le biais de la conscience, indépendamment du matériel, c'est une valeur plus sûre (enfin… à long terme, je crois). Les vraies richesses par ce biais ne sont plus concrètes, mais représentées en quanta de lumière. Bonne nouvelle pour ceux qui possèdent moins sur Terre !

Souvent, les « illuminations » font référence à la lumière de sainteté. Quand elle se dessine sur les icônes autour des « cerveaux de lumière » des saints et autres personnalités, elle n'est que la représentation de ce qui EST, finalement, et que certains voient tout bonnement.

Demandez aux enfants, certains pourraient aisément vous détailler des choses surprenantes quant à votre « tour de cerveau », on ne sait jamais qu'ils y voient une auréole de sainteté ! Certains petits enfants ont la science infuse incréée de la Lumière en update inné, même sans avoir appris quelconque connaissance des icônes.

Après les baromètres en tour de cou, ajoutons les auréoles colorées, qui ne sont que des sortes de bornes de connexion ultrasophistiquées ! C'est rigolo et plus écologique que le sapin de Noël…

Où as-tu mis ton beau chapeau ? L'autre jour il était comme une étoile !
Je ne sais… je suis fatiguée, comme séparée…
Est-ce que tu peux relancer ton wifi céleste, s'il te plaît ?

D'autres parlent d'amour

Ah les fleurs ! Ô les cœurs !
Pâquerettes et pistils
Évanescence comblée.

Comment écrire sur la lumière sans aborder le grand thème de l'amour ? C'est impensable. On imagine que « la lumière dans les yeux des amoureux » fait partie de la vie. Heureusement que oui, pour ceux qui en ont l'envie ou la capacité.

Il est important de noter que l'on peut aimer un brin de printemps, une fleur épanouie, un rayon de soleil sur la bruyère ou encore nos montages, la mer, des humains, des formes, des ondes, des choses, la Terre, le système planétaire ou plus vaste encore, bref énormément de « trucs » sans que nous ne parlions nécessairement d'une relation amoureuse entre deux conjoints.

Étendez vos pensées, lorsque je parle d'amour. Cela peut vouloir dire « être en lien » avec le règne minéral, végétal, animal ou humain, avec le plan planétaire, galactique, cosmologique, que sais-je encore.

Si nous nous centrons sur l'amour, le référentiel peut être sur divers niveaux. Nous pourrions dire :

L'amour est une connivence entre les êtres (ou les espaces).

Une attirance entre les valeurs.

Une douceur de contact.

Une attention remarquée « réciproque ».

Une lumière partagée.

La lumière peut se rencontrer sur des multitudes de relations, même à l'objet, à la plante ou à l'environnement.

L'amour regroupe. Les cinq sens, les gens, mais aussi les dimensions, y compris celle de la lumière. Il est l'apothéose de l'énergie optimum, de l'espace joliment investi en harmonie et du temps suspendu.

Ne confondez pas l'amour avec une « carence » comblée, un vide béant qui recherche chez les autres une « pitance » qui pourrait les « rassurer ». Cela n'est pas de l'amour, de l'attachement tout au plus. Ou une quête de remplissage pour combler un manquement de l'enfance.

Les gens carencés vont quémander ce remplissage chez une personne valorisante uniquement ! La relation n'est alors plus une cocréation. Juste de quoi se rassurer avec des gestes certes cordiaux-polis-gentils, mais ceci ne peut pas avoir le même taux de polissage de l'être intérieur que l'amour-véritable-et-présent.

Lorsque je parle d'une vraie connivence entre êtres, c'est aussi un moment béni lors des problèmes de la vie : santé, finances, questions existentielles, quotidien, administratif… durant les années. Il est possible d'en parler sans s'enfoncer, au contraire, les partager apporte une lumière nouvelle et soutient dans les actions. Quel plaisir !

Tous les événements de la vie peuvent être partagés dans une vraie douceur entre les êtres, pas uniquement lors de quelques rencontres « enjolivées ».

Certains humains ont l'impression de recevoir de l'amour de certains proches ou amis deux fois par année, notamment durant les fêtes, sauf que c'est fréquemment un rôle social joué, poli-lissé-bien-habillé.

Généralement lors des naissances, décès, baptêmes, mariages et festivités, c'est ce genre de relations vides d'amour qui se joue. Ces occasions ne représentent qu'un pourcentage ridicule de nos vraies difficultés au prorata de l'entièreté de notre vie. C'est lorsque plusieurs problèmes surviennent véritablement dans notre quotidien ou sur du long terme, que l'on sait qui sont nos vrais amis et que l'on reconnaît ceux qui sont prêts à nous aimer et nous soutenir avec douceur et félicité.

L'amour est un thème galvaudé, transgressé, nauséabond selon certains auteurs, parfois sali. Il fait fonctionner beaucoup d'organisations commerciales. Sauf que les fêtes autour de l'amour sont déviées de leur idée de se retrouver, elles tentent de rendre commercialisable l'amour ! Comme si c'était possible ! Si la Saint-Valentin rend émoustillés quelques jeunes ados ou adultes souvent perdus le restant de l'année, elle fait souffrir de nombreuses personnes seules inutilement. Cela devrait être tous les jours, qu'il nous faut aimer !

L'amour est trop souvent dévié de sa vraie source, à savoir nous sentir aimé, sécurisé, entouré, apprécié, respecté, mais surtout… illuminé !

Nous pouvons retrouver en nous un bien-être formidable en présence d'un arc-en-ciel ou d'une couleur émouvante. D'une sonorité ou d'une impression. La fluidité de la lumière se trouve partout.

L'amour EST.

Il remplit, il nourrit.

Ne dit-on pas que lorsqu'il est amoureux, l'humain se nourrit d'amour et d'eau fraîche ? C'est un fait, la lumière intérieure nourrit, que cela provienne d'une impression d'être empli de l'art, de l'amour de Dieu ou de ses proches.

Et si… nous pouvions remplacer le mot « amour » par celui de « lumière » aussi ?

Frout, bisou
Candeur, splendeur
Et hop, l'envol de l'âme est garanti !

Manger de la lumière

Être ou manger ?
Mode d'emploi :
Toujours là.

Saint Nicolas de Flüe n'aurait pas mangé ni bu durant les dernières années de sa vie, il se nourrissait de la lumière de Dieu.

Comme de nombreuses autres personnes moins médiatisées ou non religieuses, soit dit en passant. Certains ont cessé de boire et de manger beaucoup plus longtemps que 20 ans. Un monsieur en Inde aurait vécu cette expérience durant 60 ans.

Les cheveux et les ongles continueraient de pousser, les selles s'arrêteraient, les organes continueraient étonnamment de bien aller, l'individu aussi. La vitalité serait maintenue, le poids aussi.

Saint Nicolas de Flüe a été observé, ce fut confirmé. Ce monsieur en Inde aussi, en hôpital et sous le regard de médecins, avec des caméras. Après... je n'y étais pas.

Comment font-ils ? Selon leur approche : en absorbant la lumière diffuse dans l'atmosphère. Ou des particules cosmiques. On parle aussi d'inédie, de nourriture pranique ou d'un processus respirianiste. Certains pensent que c'est possible grâce à Dieu, d'autres grâce au prana, ou encore grâce à la lumière. Certains boivent tout de même, sans manger durant des années.

Diantre ! est-ce que l'être humain pourrait synthétiser un élément dans l'air pour le transformer en protéine digeste par son corps ? Ce dernier parvient-il à aspirer l'eau diffuse dans l'air ? Mystère à découvrir... avec l'intérêt de la lumière. Le corps en étant rempli, pourquoi pas ?

Des personnes n'ont « pas mangé ni bu », notamment durant des décennies, et de nombreux livres abordent le fait de manger le prana ou de se nourrir de la lumière. Ces personnes se sentent « nourries », sans nutriments pourtant, ni rien absorber. Là n'est pas mon sujet dans ce présent ouvrage, je propose juste une vulgarisation abordable par tous de l'existence d'individus pour lesquels la lumière serait « comestible », si je puis me permettre cette métaphore rudimentaire et de premier degré.

Par ailleurs, je vais être très honnête avec vous, j'aime beaucoup trop manger pour fantasmer ou avoir du plaisir à ne plus le faire ! Dame Nature travaille si bien, pourquoi lui manquer de respect au point de ne pas savourer ce qu'elle a si bien conçu et qu'elle nous met à disposition ? Enfin… voilà, c'est dit, j'en suis là !

Je ne conseille aucunement aux lecteurs de se lancer dans une telle aventure en cessant de manger, encore moins en cessant de boire, il faut avoir une âme en accord, un esprit premier de cordée avec les bons univers et des pensées, je présume, tout à fait « divinement alignées » pour supporter d'être un être de lumière à ce point. Il me semble qu'il doit falloir aussi beaucoup de temps pour réaliser cela. Même si certains s'essaient en 21 jours, beaucoup échouent. D'autres décèdent aussi.

Nos limites furent largement testées et dépassées de tout temps, pour des motifs de famines, de guerres, de concepts religieux, philosophiques, énergétiques ou éthiques. Rappelons toutefois que l'ésotérisme et l'extrémisme ont aussi conduit certaines personnes à mourir, donc méfiance et précaution restent de mise.

> Je trouve simplement intéressant, par extension, de me dire que si, un jour, nous manquions de nourriture sur Terre, vu que certains individus parviendraient à soi-disant bien fonctionner sans manger ou quasiment rien, peut-être une solution pourrait-elle en émerger. Sinon, peut-être devrions-nous nous rassurer lorsque nous devons juste patienter jusqu'au repas suivant.

En cas de carences, guerre ou famine, pourquoi ne pas y penser ? Pour toute l'humanité et selon les théories qui expliquent que nous finirons par manquer de nutriments pour l'ensemble de la population, cette approche apporterait une potentielle issue.

Il est fréquent d'entendre dire que des gens ont expérimenté un jeûne d'une semaine, ou plus. Il n'est pas grave de ne pas manger immédiatement lors d'un voyage ou d'une réunion. Manger « pour tenir » ou pour survivre n'existe plus au même titre, après avoir bien vécu certaines périodes sans manger (j'exclue ici la problématique des anorexies mentales qui sont d'un autre registre, non abordé ici). Leur cerveau semble apaisé.

Et si… un jour… nous manquions de nourriture, comment pourrions-nous tous avoir l'air apaisés ?

Et si… un jour… nous n'avions plus d'électricité durant quelques semaines, comment pourrions-nous nous amuser à manger cru ?

Outre le fait qu'il n'y aurait plus de magasins très open ni caisses qui fonctionneraient… nous devrions apprendre à contourner un certain nombre de choses.

Côté cru, certains en ont déjà l'habitude, c'est très « tendance » et même assez huppé de cuisiner des gâteaux crus, spaghettis de légumes et autres assaisonnements.

J'en connais qui seraient juste terrorisés de ne plus avoir de plaques électriques, ni four, ni de quoi mixer, cuire ou « cuisiner » en cuisant tout. J'y ai pensé ces temps, car mon four m'a lâchée début décembre et le nouveau est arrivé en janvier. Passer des fêtes sans four est assez surprenant, j'en ai beaucoup ri. Pas de gâteaux, ni gratins, rien au four… durant plus d'un mois, moi qui en prépare plusieurs par semaine, les enfants en ont donc rêvé. Cauchemardé. Fantasmé, mais ils s'en sont passés ! Avec aisance, naturellement… cela n'était qu'un four après tout.

Justement, cela nous a fait relativiser nos habitudes d'Occidentaux : le confort n'est pas « obligatoire ». Que nenni, point du tout. Nous pourrions bien être amenés un jour à tous nous passer de beaucoup plus.

Si seulement nous pouvions cocher « sans le téléphone portable », je dirais « oui » tout de suite. Sans électricité du tout, il faudrait que je révise clairement mon régime autrement.

Sans toilettes, je ne suis pas certaine que cela soit gérable en souriant tous les jours. Sans eau, naturellement, bien plus complexe encore. Pourtant, ceux qui souhaitent la lumière dans leur cœur, ne devraient pas dépendre de cela, n'est-ce pas ?

Réfléchissons à nos conditions de nantis. Tous sur Terre n'ont pas autant.

Je profite de ce chapitre aussi pour vous parler de la nutrition et de la lumière éparse dans l'air. Non pas pour vous lancer dans un bénédicité avant les repas, ni dans le fait de mettre les mains sur votre assiette pour remercier vos aliments d'exister (encore que je connaisse des gens qui le font mentalement, énergétiquement ou religieusement), mais au moins pour avoir une mini-conscience du fait que la lumière a permis à nos fruits et légumes de pousser, ainsi qu'à toute vie.

La gratitude ne fait plus partie de nos éducations, ou du moins pas suffisamment sur l'aliment. Après une guerre, les humains en ont plus conscience par le manque enduré. Là, je souhaite vous parler de la conscience « allumée », c'est différent.

Puisque famine il n'y a point chez nous, je vous conseille uniquement de déjà penser à la lumière et tenter de la capter en toute simplicité avec vos sens. Le début commence par mieux comprendre, pour ensuite l'appréhender un peu plus dans votre quotidien, dans ce que vous mangez, bricolez ou aimez.

Beaucoup de régimes existent dans le domaine de la nutrition, tous se recoupent plus ou moins, parfois certains sont à l'opposé. Ils lient les aliments par catégories, et une fois ces aliments absorbés, les organes vont réagir différemment. À nous de ressentir la trajectoire des aliments, ainsi que leurs conséquences, par déduction, puis observation.

Les « cerveaux de lumière » vont adhérer à une alimentation peut-être plus puissante en termes de lumière, par le biais des biophotons. Certains parlent d'alimentation biogénique lumineuse. L'énergie de Vie existe dans la nutrition. La lumière aussi. Certains vont en avoir une conscience aiguisée.

Si les êtres non équilibrés créent des mets plus ou moins bizarrement éteints, ils peuvent mettre en danger selon l'agencement de leurs pensées. Vous connaissez sans doute des médecins qui n'ont plus eu le droit de pratiquer, car ils mettaient la vie de leurs patients en danger avec leur diète innovante retirant les légumes. Aussi des praticiens éclairés qui furent tellement avant-gardistes qu'ils furent rayés de l'Ordre des médecins parce qu'ils dérangeaient en parlant simplement du danger du lait… bref. Lesquels d'entre eux visaient le plus de lumière, à votre avis ?

Dans ce domaine de la nutrition aussi, il existe des individus empreints de bons sens et de lumière, d'autres pas.

Certains régimes chevauchent des brins de lumière, illuminent le cerveau, respectent le foie, détoxifient sans violenter, d'autres vont engluer les réseaux lymphatiques, épuiser les surrénales et faire du mal. À long terme, il nous faut apprendre à choisir, car c'est notre santé qui en pâtit.

Il y a des aliments cuits qui sont morts et sans Vie, sans lumière, d'autres ne sont plus porteurs de bons codes cryptés. Il semblerait qu'il existe, à un certain seuil, une déficience de lumière. Même si des messages codifiés peuvent être conservés, les forces lumineuses sont moindres. Nous rejoignons ici les éléments qui obstruent la lumière et l'empêchent de passer, loin d'une nutrition remplie de Vie.

> Certains scientifiques expliquent que des trains d'ondes existent, nous pourrions imaginer que des trains de lumière surfent sur les rayons du soleil et cheminent jusqu'à toucher nos fruits et légumes. Ou sur les résonances vibratoires lumineuses, si vous préférez.

C'est joli, ce genre d'idée pour un dessin animé. Cela fait rêver d'un monde meilleur. Imaginer des wagons de lumière me plaît. Je me réjouis du temps futur où de nouvelles caméras filmeront tout cela.

Tous les humains ont expérimenté l'importance de la caresse du soleil sur la peau, le plaisir augmenté lorsqu'il fait beau. C'est pareil pour la nutrition.

> J'ajouterais qu'un cuisinier lumineux et heureux vous servira une assiette bien jolie et différente en vibration de celle d'un cuistot-surtendu-et-nerveux.

Et… la digestion ne sera pas la même pour les cerveaux sensibles translecteurs.

> En synthèse, gardez à l'esprit que manger de la lumière est possible, à travers tous les aliments naturels qui ont été traversés par l'onde solaire.

Et une explosion de lumière existe au tout début de la vie, lors de la germination. C'est ce qui nous émerveille d'ailleurs lors de la pousse de petites graines : juste voir des lentilles pousser est le miracle de la vie. Leur structure originelle va se lier à notre ADN pour une nouvelle lumière intérieure. Un individu qui mange très cru ou vivant, rayonnera différemment : ses pensées et émotions seront naturellement plus envolées que ceux qui ne mangent que des choses préparées en usines, mortes et pleines d'additifs. Ce que rarement les nutritionnistes signalent, parce qu'ils ne l'imaginent guère, c'est que cela est principalement dû à la quantité de lumière traversant chaque aliment.

Prenez le temps d'observer un chou romanesco, voyez sa structure incroyable. Comment est-ce possible que la physique fractale ait autant bien travaillé de l'infiniment petit à la taille macro, de sa graine à sa finalité ? Pensez à le remercier. Souriez. Imaginez sa lumière et votre psychisme ira bien mieux. Placébo ou pas… point de gravité il n'y aura. Bon appétit !

Bananiers en fleurs
Cigales réjouies
Ô les cœurs !

Nos corps... Santé !

Hop hop hop
Saturation d'hiver
Dégustation d'eau de Vie.

Nous voyons autour de nous des êtres remplis de vie et ayant une forme olympique, d'autres semblent plus « éteints », d'autres semblent refléter une belle lumière mais sont... épuisés. La force de nos corps relève de quoi ? De la chair, de la Vie, d'une logique entre les éléments ou d'un quantum de lumière traversant ? Un peu de tout ceci sans doute. En Valais, ils vous diraient d'un bon apéro ! Boire de la lumière ? Je ne suis pas sûre que tous soient prêts...

La Vie relève de quoi ? De l'azote dans l'air ? De la naissance de bactéries ? Je ne reprends pas l'origine du monde, car le principe est complexe et largement décrit en de nombreux ouvrages, mais la vie a émergé, liée à l'énergie vitale, avec la lumière en son sein. C'est purement mécanique. Nous n'y pouvons rien. Je sais... elle a aussi créé les vignes !

L'énergie de Vie insufflée à la naissance au premier souffle relève de quoi ? Je ne le sais. Certains diraient qu'elle vient de l'âme qui entre dans le corps avec le souffle de Vie, d'autres diraient billevesées. Moi je dirais, avec prudence, attendons que des caméras futures filment tout ceci de manière détaillée. Je me réjouis ! La science, un jour, nous montrera que la lumière coexiste avec la Vie. Peut-être que la lumière est finalement synthétisée par le cœur. Je ne sais juste pas encore exactement vous expliquer comment ce souffle de la Vie se lie à la Lumière. Ce que mes patients ouverts m'expliquent, c'est qu'ils voient en termes d'intensité la lumière diffusée autour des corps, ou à l'intérieur la quantité de santé – ou l'obscurcissement de la santé – en quelque sorte.

Si la perte de vitalité conduit à la maladie, la mise en lumière la ferait retrouver.

Il y eut des expériences qui demandaient à un groupe d'étudiants de se concentrer sur des cellules cancéreuses et de leur envoyer de l'amour : les cellules cancéreuses régressaient pour céder la place à des cellules remplies de vitalité. Les cas cliniques de rémissions magiques existent. La force et le pouvoir du mental ne sont plus à décrire, il reste en revanche à les développer. Avant l'apéro, hop hop hop… un petit coup de lumière. Après l'apéro… hop hop hop, aussi. Qui sait, essayons d'être didactiques !

Je rigole… mais en arrivant dans cette région de la Suisse, le Valais, après la Grande Genève et d'autres cantons suisses traversés (bien que née en Bourgogne, en France, non loin de la Champagne), j'ai vite compris que ce qu'ils appellent « convivialité » n'est pas toujours relié à la « quantité de lumière reflétée », mais plutôt à un axe relationnel incontournable qui semble être fortement dérangé lorsque je prends un… thé !

Les références sont différentes selon les humains et selon leur capacité à intégrer les reflets lumineux. Il n'est pas toujours nécessaire de leur expliquer, par exemple, que des bactéries immortelles ont été étudiées à travers le monde, sans trop comprendre comment elles fonctionnaient. Les scientifiques les ont mises dans des conditions impossibles à la survie, en termes de température ou de toxicité, elles ont donc naturellement disparu. Mais, elles réapparaissaient quelques heures ou jours après ! Suite à quoi, ils ont observé qu'elles avaient non seulement baissé la température, mais amélioré la toxicité. Ne seraient-elles pas simplement capables de jouer sur plusieurs dimensions en même temps avant de ressurgir ? Il faudra que j'écrive quelques lignes sur les inter-espaces, un jour… C'est passionnant.

À la base de la vie, tout est énergie, espace, temps, inter-espaces, hyper-temps. Donc énergie, vie et lumière ont dû former un pacte de connivence pour la santé. Pour bien aller, il faudrait nous en occuper.

Par exemple, le fait de demander mentalement à nos cellules d'être vibrantes et que la lumière nettoie et use tout résidu délétère, peut conduire à une meilleure santé. Avec de l'entraînement.

Même par une simple visualisation, sophrologie ou séance d'hypnose, le fait d'imaginer que la lumière pourrait être comme une rivière qui emporte toute poussière inutile sur son passage aurait un impact sur l'ensemble du corps. Par ces biais, mettez de la lumière dans vos vies.

Imaginez des boules de lumière qui sont au centre de vous. Qui s'étendent au point de remplir chaque recoin de votre corps.

Se dire aussi que l'énergie blanche nettoie et relie au plus profond de soi ne fera de mal à personne.

Mieux vaut passer du temps à cela que surfer sur Internet, je vous le garantis. Cette dynamique d'illuminer notre corps nous permet d'agir au lieu de perdre notre temps sur des sites qui ne parlent que de la vie des gens sans rien faire bouger au fond de soi.

La mise en lumière sur le corps relance la circulation de la Vie, de l'énergie, et possède une infinité de possibilités. Je voulais rapidement vous éveiller à cette dimension d'illumination que nous devrions développer au fil de notre vie, tel un devoir. Au lieu de cela, nous usons notre corps, nous lui manquons de respect fréquemment.

Pourtant, il y aurait une certaine logique, non ? Au même titre que nous devons laver notre corps, laver nos maisons, faire le service de nos voitures, ne devrions-nous pas laver nos énergies et développer en notre écosystème suffisamment de lumière pour balayer les résidus inutiles ?

Pour cela, il faut naturellement commencer par se considérer autrement, comme des êtres de lumière. Dieu merci pas que des cerveaux (la considération du cerveau est surcotée à notre époque, je le répète volontiers). Vouloir rester en bonne santé, c'est aussi s'aimer. Les personnes qui meurent en mal d'amour d'eux-mêmes et qui n'ont pas suffisamment aimé les autres sont en souffrance. Ils ont souvent oublié d'illuminer leur propre corps au commencement.

Vous savez… il faut aimer ses propres cellules pour apprécier les voir se transformer en mieux.

Les réflecteurs ont tous un dénominateur commun : la lumière. Ils la secouent à leur sauce, la reflètent, la développent, la recherchent, la quémandent et souhaitent sincèrement pouvoir en développer un peu plus durant leur vivant.

Profitons-en pendant que nous sommes suffisamment en forme pour la développer. À votre santé !

La beauté intérieure ressemble à quoi ?
Une belle peau d'âme
Dans un véhicule lumineux.

Nos maisons en harmonie

Havre animé
Fleurs en bocal
Pétales de bonheur.

Après les cerveaux, les corps ou les relations, qu'en est-il de nos maisons ? Espace, temps, énergie, bien entendu ! Mais encore ? Lumière, toujours.

Je conçois ma propre maison comme une plateforme de vie. Un genre de plateforme où les enfants qui ont grandi vont et viennent, les adultes aussi, pour s'y régénérer. Un passage sur la plateforme… et hop, chacun repart plus en vitalité !

Je l'organise donc lumineuse, propre et chatoyante au point que tout le monde se dise que c'est super agréable d'y arriver. Au point que tout le monde ait envie d'y participer aussi ! C'est un genre de piscine d'atmosphère qui remplit l'individu qui y vit, mais aussi celui qui y passe tendrement. Cela ne remplit étonnamment pas celui qui y passe sans bienveillance. Donc, un genre d'osmose pour les uns, de symbiose ou quelque chose qui relie, mais j'ai déjà senti que cela faisait un effet un peu clash avec différentes ondes de choc pour ceux qui y pénètrent sans harmonie. Ils sont bienvenus quand même… mais je sens qu'ils sont comme extérieurs à l'ambiance. Sans accointance avec la piscine, les poissons en dehors du bocal échouent comme des phoques sur la plage, ne sachant pas trop comment nager.

Une atmosphère a une longueur d'onde, une fréquence, un chiffre donné, qui bouge et varie. À nous de le faire monter, briller. Nous devons y travailler.

Comment faire ? En imaginant remplir son logement de lumière. Par visualisation ou autre technique, qu'importe, l'énergie suivra si votre cœur y met sa candeur, sa chaleur, sa magie intérieure. Visualisez une lumière qui part en dessous de votre maison, qui monte lentement, tendrement, emplissant chaque recoin pour plus de bonheur, jusqu'au-dessus du toit.

En nettoyant, époussetant, rangeant, cela change aussi la tonalité. Tout le monde doit y participer, naturellement. Aucun individu n'a, de façon génétique, hérité personnellement de ce devoir de nettoyage. Ce serait comme dire à une personne de se laver et à l'autre jamais !

Il faut aimer nos objets, les arranger. Savourer un brin de soleil sur un coin de meuble peut nous faire chavirer de joie intérieure, donc je déplace minutieusement de petites choses intelligemment pour que chaque rayonnement soit optimisé. Et lorsque je rentre dans une pièce, il faut que je puisse me dire « Wouhahou ! » du fond de mon cœur. Comme une illumination face à quelque chose de beau. C'est une manière de me dire « C'est bon », donc cela fait du bien. Les gens émettent de petits bruits en entrant dans notre pièce de vie. Ou disent leur impression. L'harmonie ne laisse pas indemne.

L'espace doit contenir des zones de rangement et de cheni aussi ! Pour ne pas vivre dans une vie de toqué-maniaque-obsessionnel-du-rangement, tout de même. Le désordre organisé a beaucoup de charme. C'est ce que je me dis lorsque je vois toutes les chaussures des membres de la famille entassées en vrac dans l'entrée, un vrai fourbi de… vie. Je les aime tous, donc leurs chaussures aussi. J'en suis même arrivée à me demander si l'énergie des pieds n'avait pas une importance de taille pour que cela soit si chargé. Enfin, c'est ma pensée structurante et valorisante face à ce cheni anarchique localisé que je me suis autorisé.

Après… qui sait ce qu'un cerveau éclairé verrait. Nous sommes parfois loin des réalités vibratoires des objets.

Je me suis fait cette réflexion lorsque j'ai accompagné mon fils pour son Erasmus. Il partait durant un an. Eh bien, figurez-vous que lorsque j'ai vu les chaussures en total vrac dans l'entrée de ses colocataires, j'ai senti que son année allait bien se passer et que je pouvais en toute tranquillité le laisser. Rien qu'au ressenti de leurs chaussures. C'est drôle tout de même, les impressions des mamans.

Il faut dans une maison des zones de vie. Avec les enfants, c'est très « vivant », vous comprendrez aisément, mais sans enfant… aussi ! C'est important. Il faut aussi dans chaque espace ces mini-zones d'admiration intérieure. Je peux avoir ce regard émerveillé… et non loin un peu de fourbi, mais autorisé et harmonieux.

En dehors de notre « piscine » familiale ou plateforme de vie, nous sommes nous aussi parfois comme des poissons hors du bocal, selon les lieux traversés. Vous serez d'accord de dire que nous ne pouvons pas nous sentir bien partout où nous allons. Parfois, c'est splendide, parfois c'est lourd, bizarre, peu régénérant, voire dérangeant. De nombreux patients me parlent de cela, car ils ont conscience des diverses atmosphères des lieux : c'est comme une grande peau dans la pièce que l'on peut ressentir, un endroit de paillettes ou de points sombres. Un grand nombre de gens « voient » aussi des choses qu'ils osent exprimer à huis clos du secret professionnel…

Chaque maison peut être comme une rivière blanche ou dorée, d'autres couleurs selon les goûts ou les énergies, sur laquelle de nombreux autres réseaux se branchent en lien, en fluidité, activités, pour obstruer la lumière ou l'augmenter. Au même titre qu'il faut nettoyer les vitres régulièrement pour éviter qu'elles deviennent opaques, nous devons nous occuper du sens de la rivière.

Faire circuler, monter sur notre plateforme personnelle, nous met en lien avec nous-même, en régénération, et donc avec les autres aussi. C'est un travail passionnant.

Vous seriez étonné de tout ce que je peux entendre en consultation. Sans que cela soit psychotique. Certains me disent que dans mon cabinet l'atmosphère n'est pas habituelle, elle est plus fluide, plus légère, elle est en circulation. Que voient-ils ? Je ne suis pas dans leur tête, ni dans leur regard. Ils ressentent, ils expriment simplement.

Un jeune qui faisait deux doctorats en même temps – en mathématique et en physique – me décrivit des lois, des atmosphères, des impressions qu'aucun autre ne m'a expliquées avec autant de science. Il sentait la fluidité de la circulation de l'énergie, la quantité de lumière jusque dans ses veines. Je puis vous assurer que son quotidien était normal, adapté et qu'il n'était pas halluciné, il était simplement ouvert à cette métaphore qui pour lui n'en était pas une, plutôt une réalité.

Alors ? Au-delà des HP ? Les « cerveaux de lumière », nous y revenons, peuvent ressentir la lumière, même dans les atmosphères et les maisons.

Je me suis dit qu'un jour je devrais noter ce que ces jeunes parviennent à oser me dire, ce qu'ils ne peuvent pas dire ailleurs en général, ni à leur propre famille ni à leurs amis. À ce jour, je les remercie de leur immense confiance d'avoir osé m'attester que les filaments de lumière sont plus importants que les connexions neuronales, ce que je pressentais, mais qu'il est toujours bon d'entendre en confirmation. Et que nos maisons sont porteuses de plus d'informations que nous ne l'imaginons. Raison pour laquelle je m'évertue à surfer sur les brins de mon mieux.

Peut-être ces quelques lignes aideront certains à se sentir dans le juste, car finalement, ce qui compte le plus sur Terre dans un corps de chair, c'est d'exprimer ce pour quoi nous sommes nés dans le bon tempo, avec une énergie sympa et dans un espace cool, non ?

Osez ! Vous serez de moins en moins seuls ! Car je pressens et observe les nouveaux enfants dernièrement nés, certains sont ouverts à la lumière plus qu'à la compétence occidentale exigée. La science elle-même finira par vous rejoindre ou alors… les jeunes finiront enfin par la faire évoluer avec leurs nouvelles perceptions. Merci à eux.

De tout temps, il y a eu des gens ouverts, il est important pour moi de le redire, des êtres emplis de lumière et de ressentis. Sauf que des résidus de l'Inquisition se font encore sentir aujourd'hui. Comment en effet oublier que des femmes qui soignaient furent brûlées, des langues qui donnaient des paroles éveillées arrachées, des yeux qui voyaient la lumière crevés ?

Quant à la psychologie ? Il nous faudra certainement quelques générations de plus pour tenter de rallier ce grand mouvement planétaire de lumière et oser en parler. J'ai osé. Au pire, gardez à l'esprit la métaphore et réfléchissez autrement, cela sera un bon début. Pour le reste, comme me le dit mon fils : « Laisse tomber… c'est post mortem que les écrits ont le plus de sens et semblent mis véritablement en lumière ! ». Alors si post mortem « quelque chose » il y a, je me réjouis trop, vivement qu'on y soit ! Et si rien n'existe, pas d'angoisse, d'autres humains prendront mieux le relais que moi.

En attendant, je soulève l'idée que peut-être devrions-nous de notre vivant mieux soigner nos maisons. Nos proches et nos corps aussi, mais nos maisons restant l'environnement dans lequel nous pouvons nous ressourcer, c'est une bonne porte d'entrée pour la lumière.

Si un mini-baromètre pouvait régulièrement nous accueillir en nous disant « Bonjour, votre atmosphère est régénérante » ou « Attention, votre atmosphère n'est pas optimale », nous mettrions plus d'énergie à optimiser nos maisons.

Au lieu de cela, nous les envahissons de produits toxiques, peintures dangereuses, pesticides et autres menaces pour nos corps et nos espaces. Tuant les araignées et modifiant l'écosystème. Nous les emplissons de stress, de courses après la montre, de manque de temps, de hurlées chez certains ou d'autres masses émotionnelles. Qui laissent des traces aussi sur les murs, j'en suis convaincue.

Et si… chaque pensée pendant que nous faisons notre ménage et chaque geste de notre quotidien possèdent une charge émotionnelle et une charge électrique ou énergétique qui tracent les objets, les espaces, pensez-vous que c'est vibrant chez vous ?

Dans chaque dimension traversée, que je parle du corps, des maisons ou des cerveaux, peu importe, la vérité est toujours la même : déjections, obstructions, sans circulation ou… clarté, harmonie, fluidité et beauté.

Un bon coup de balai ?
Un souffle, un zéphyr, une caresse…
Souffrance ou sourire à la clé.

Les études

Dureté, une certaine violence…
Mise en incandescence
Palper, rouler puis fluidescence. Ou pas !

Je ne parlerai pas ici de la vie à l'école, déjà abordée dans mes autres ouvrages. Il y aurait trop à en dire. Une bonne série de petits baromètres ferait tellement de bien à certains enseignants ! Leurs formations devraient leur livrer un kit complet avant même de commencer. Il y a encore de nombreuses choses à créer… chez les enfants, les parents et les enseignants. Je vais plus me concentrer sur l'avenir des plus grands, les jeunes pas encore « finis » neuroanatomiquement, mais déjà bien avancés en âge dans la sphère des grands.

Il était une fois… la vie des étudiants. Ceux auxquels personne n'a expliqué que la vie est énergie, douceur et auxquels on a omis de refiler le kit complet des baromètres de régénération. Une vie bien éprouvante pour certains, parfois rigolote, remplie de souvenirs impérissables, surtout quand le kiff et le festif prennent le dessus, mais est-ce vraiment drôle, in fine ?

Il faudrait demander à leurs organes et calculer la quantité de lumière traversée, reflétée, animée… pour savoir.

> Il existe des étudiants sensibles à la lumière et qui ne savent pas pourquoi ils souffrent autant durant leurs études. Ceci n'est pas uniquement parce qu'ils sont enfermés dans des amphithéâtres sans fenêtres et remplis de bactéries…

Il existe des étudiants qui ne parviennent pas à terminer leurs études.

Il existe des étudiants qui les terminent pourtant. Certains fort abîmés.

D'autres réussissent très bien.

Pourquoi ?

Et si nous pouvions revisiter un peu tous ces cursus « autrement », histoire d'en sourire au lieu d'en pleurer.

J'ai eu en consultations des jeunes étudiants qui voulaient mourir. Beaucoup trop. D'autres ont eu un AVC, une hémiplégie, une bouffée délirante, une dépression, des attaques de panique, des troubles schizophréniformes…

Comment est-ce possible ?

Outre le fait que les pathologies psychiatriques se mettent en place souvent entre 15 et 25 ans, je peux constater que, pour certains étudiants, c'est vraiment le surplus durant leurs études qui leur a déclenché la décompensation. S'ils avaient vécu plus sereinement, tranquillement, avec moins de stress et donc un taux de cortisol plus bas, leurs neurotransmetteurs n'auraient pas autant dérapé. Et la pathologie pas nécessairement pointé son nez. Je suis consciente de l'aspect multifactoriel de l'arrivée d'une maladie psychique ou physique, toutefois j'y ajouterai un éclairage du seuil de la lumière possible pour ne pas nous enfermer de façon unilatérale dans un critère psychiatrique de comorbidité. En expliquant la réalité ainsi, les étudiants retrouvent le sourire, ils ne voient plus leur cursus raté, ils ressentent leur sensibilité et une raison peut-être uniquement métaphorique, mais cependant bien élégante de revisiter leur échec ou leur descente aux enfers. Après cette explication et l'éclairage sur la quantité de lumière, ils vont déjà mieux.

Reprenons la vie des étudiants. Certains sont encore chez leurs parents s'ils habitent non loin, mais nombre d'entre eux sont en colocation, entre jeunes, seuls en studio, pas tout à fait conscients de leurs besoins nutritifs, par exemple, pour aller mieux. Pâtes-pizza-gluten-sucre restent les plats les plus souvent consommés selon leur flemme et leur budget. Ils décalent leur sommeil, abusent de certaines substances délétères, pour ne pas dire interdites légalement. Tandis que leur cerveau qui fonctionne au maximum pour suivre le cursus aurait besoin de conditions spécifiques (qu'ils ne connaissent pas), il arrive fréquemment qu'ils mettent en place des situations qui vont instaurer des dégâts collatéraux.

À force de travail, de stress, de malnutrition et d'épuisement, une logique implacable les envoie au paradis des soucis. Pas tous cependant, pourquoi ?

Il existe des étudiants qui ont suffisamment de lumière intérieure pour y arriver. Un environnement familial étayant, présent, aidant, des amis, un bon réseau social, une nutrition pseudo équilibrée, donc une lumière partagée et reflétée qui leur permet de mieux tenir.

Les étudiants qui sont livrés à eux-mêmes s'en sortent souvent plus difficilement, je ne comprends pas que les parents n'y pensent pas. J'entends fréquemment les adultes me parler de leur enfant « autonome », car habitant de son côté, c'est oublier notre responsabilité parentale envers le taux de lumière de notre famille : nous l'avons procréé, nous devons l'assumer.

Certains jeunes sont obligés de travailler pour survivre financièrement en plus de leurs études, le soir, le week-end, donc leur taux d'épuisement est conditionnant. Je les vois arriver consulter à 20 heures (parce qu'avant ils n'en ont pas le temps), au bord de l'hécatombe, n'importe quel soignant serait inquiet de les voir si épuisés.

Sans compter que la majorité des étudiants qui viennent consulter sont carencés en certains micronutriments ou vitamines capitales (ce, malgré une nutrition relativement correcte, il n'y a pas toujours de liens), ce qui change grandement le tableau clinique et peut même les mener jusqu'à halluciner sur une simple vitamine B carencée. Et lorsque le zinc et la vitamine D manquent, je ne vous dis même pas la perte de l'aptitude à se concentrer ! Leurs neurotransmetteurs sont au plus bas, rendant leur vie insurmontable.

Je vous rappelle que la lumière vient de tout : de nos cellules, nos pensées, nos amis, la famille, des relations amicales, de l'amour que l'on reçoit aussi bien que de ce que l'on mange, des rayons cryptés dans nos fruits, légumes et autres nutriments. La quantité de lumière en un individu va lui donner sa capacité de sourire, de résister, son estime de lui aussi.

Un étudiant qui manque de lumière va s'essouffler, être terrifié à l'idée d'être au milieu du « flot de saumons », dans ces salles où 800 ou 1 500 étudiants coexistent, bâillent, se concentrent, pompent l'azote et chahutent en même temps. Comment édifier sa place et son existence sans lumière intérieure au milieu d'un tel troupeau ?

Au niveau énergétique, il est aisé d'imaginer que si le rayonnement n'est pas suffisant et si l'environnement proche de la personne n'est pas reconnectant ou chargeant, comment un jeune étudiant peut-il s'en sortir dans cette rivière d'humains qui veulent tous idéalement réussir ? Ces étudiants ont tous un ordinateur connecté en wifi sur les genoux et un téléphone émettant des ondes… fois 1500… je vous laisse calculer l'effet à la fin d'une journée de cours ! Train, bus, métro ajoutés naturellement. Vive la vie épanouissante ! Moi, je vois plus d'étudiants vidangés, vidés, le regard épuisé, qui essaient de survivre, tandis que certains n'y parviennent pas. Trop veulent mourir et pleurent quotidiennement.

Certains jeunes capitulent très vite, s'en vont, disent même parfois à leurs parents qu'ils vont en cours sans pouvoir s'y présenter ou disent qu'ils présentent l'examen sans le faire. Ils s'inventent une vie ailleurs, ils partent zoner. Les études deviennent maltraitantes, elles éteignent certains cerveaux au lieu d'allumer leur conscience d'un nouveau savoir.

Je ne vous déroule pas quel genre de sexualité ces jeunes surajoutent, ils me parlent de « plans cul » et de toutes sortes d'expérimentations. Ils ont l'impression d'être « grands », libérés, tandis qu'ils sont simplement largués, seuls « dedans », tristes « dehors » et plutôt en perte de vitalité. Ils n'ont même plus de genre, ni hommes ni femmes, ils ne sont rien. Peu allumés, ils s'éteignent de plus en plus mutuellement à chaque expérience qu'ils ont l'impression de maîtriser. Sauf que ce n'est pas vibrant, aimant, rassurant, réconfortant.

Certes, cette approche peut sembler binaire dans la conception de la vie ou manichéenne à outrance, cependant il me semble que les événements que nous vivons nous rechargent et nous laissent une belle lumière au fond de notre cœur ou alors nous éteignent progressivement. À l'instant T du moins. Car les millions de nuances de gris nous permettent aussi d'avancer, épurer, trier, choisir, assumer. Durant les études, peu en ressortent grandis, embellis dedans et prêts à affronter la vie.

D'abord parce que les études sont ridiculement faites. En Occident comme ailleurs, elles abîment plus souvent ces jeunes qui représentent pourtant l'humanité de demain au lieu de les soutenir. Ceux qui les ont créées sont ridiculement illogiques. Je vois par exemple de jeunes futurs médecins au bord du gouffre pour apprendre leurs matières, passer leurs examens, tenir et supporter la pression en même temps. Si le système nerveux n'est pas hyper en forme, le quotidien structuré ou les ressources suffisantes, difficile de supporter.

De jeunes médecins en fin d'études pleurent dans mon cabinet, mais aussi quotidiennement. Ils sont défaits, déstructurés, endommagés, comme défragmentés, au bout du rouleau, c'est inquiétant. Alors que ces études devraient leur apprendre les bases de l'hygiène de vie pour accompagner leurs patients. Les enseignants devraient commencer à soigner les jeunes médecins, au lieu de cela, rien ne les soutient ! C'est une telle ineptie. À Genève, ils se sont tout de même rendu compte du souci pour les professionnels de cette catégorie, le taux de suicide était tel qu'ils ont dû ouvrir une antenne spéciale téléphonique anonyme, une « main tendue » pour les médecins au bord du suicide. Allez comprendre…

Comment l'humanité peut-elle s'allumer si les soignants ne tiennent pas debout ou ne souhaitent plus vivre ? Si seulement un petit baromètre spécial pour chaque étudiant leur disait : « Attention, prends soin de toi, tu es arrivé à un instant clé de manque de disponibilité. Récupère vite des billes d'énergie ! Respire ! Souris ! »

J'observe que tout se rigidifie au fil des décennies. En effet, il y a 40 ans, les études étaient tout de même plus faciles, elles regorgent désormais de trop d'informations démultipliées et sont devenues hyper plus techniques, des gouffres à suicides pour de nombreux jeunes qui se sont éteints à la vie. C'est ultra triste, car les étudiants viennent là pour apprendre leur métier, un destin et donc justement cela devrait soutenir la vie. Les matières apprises devraient avoir du sens pour leur avenir ! Au lieu de cela, elles les épuisent littéralement. Ils mettent des mois à récupérer. Les données à enregistrer sont passées de 200 à 20 000 simplement du fait de l'évolution des transmissions et de l'accessibilité virtuelle. Où va-t-on ? Seule la lumière nous le dira.

Après avoir revisité les études via la lumière, je tenais à vous livrer aussi une autre métaphore que je propose aux jeunes pour mieux comprendre le savoir et une autre partie de leurs difficultés. Réfléchissons justement aux matières proposées dans les différents cursus.

> Et si… les matières à apprendre avaient une géométrie ? Une forme, une onde, une fréquence spécifiques ? Une couleur.

Quelle forme géométrique pourrait représenter, par exemple, la physique ? Quelle forme pourriez-vous lui allouer ou imaginer ? Fermez les yeux… essayez.

Les étudiants qui entrent en faculté de physique vont devoir, comme pour toute matière à apprendre, faire pénétrer de nombreux concepts dans leur appareil psychique.

> Les cerveaux translecteurs peuvent visualiser la forme correspondant au savoir. Ce sont des informations cryptées qui sont diffuses en un endroit donné et qui vont s'agglomérer pour pénétrer dans les neurones et devoir y rester pour être utilisées.

Ceux qui ont une bonne mémoire savent plonger dans leur accessibilité personnelle neuronale acquise. Ils ont appris les données, puis savent comment les rechercher. Cette aptitude n'est pas identique pour chacun. Personnelle, elle est plus ou moins dense de fonctionnalité.

Ces informations apprises, ces données reliées à une matière, ont une texture, une lumière intégrée aussi, elles existent en un endroit donné, un peu comme une immense bibliothèque. Certains cerveaux magiques peuvent aller y puiser.

En revanche, si les cerveaux des étudiants tentent intelligemment d'intégrer les formes géométriques que les enseignants proposent, certains translecteurs peuvent aussi aller les puiser directement au fond de l'univers, ce qui accélère leur processus d'apprentissage en termes de temps, comme s'ils avaient à disposition une accessibilité aux données ou une mise en évidence quasi instantanée lorsqu'ils y sont confrontés. N'est-ce pas génial ?

C'est en tout cas souvent de cette quête directe qu'émerge le génie. D'une bonne lecture des informations dans l'espace, l'énergie et le temps, qui sont toujours à disposition.

C'est aussi la raison pour laquelle deux scientifiques peuvent découvrir en même temps, même de l'autre côté du globe, le même théorème, sans l'avoir volé sur le Net. Simplement en ayant la même connexion aux informations éparses dans l'air. De nombreuses histoires de ce genre existent et les sciences s'évertuent à comprendre comment le phénomène survient.

Pour un cerveau translecteur, l'information n'est pas loin. Juste « au bout du cerveau », il la sent, ne parvient pas toujours à l'analyser ni la comprendre, mais d'un coup elle survient. Paf !

Donc, pour résumer, chaque matière possède une forme géométrique spécifique de savoir (un genre de code crypté). Ou, du moins, tentons de lui en donner une métaphoriquement.

Quelle serait alors la forme de l'apprentissage en pâtisserie ? Chocolaterie ? Quel genre de forme doit entrer dans les cerveaux ? Dans une école d'ingénieur ? Ou pour des spécialistes qui vont s'occuper du recyclage des détritus (heureusement, dans la nouvelle génération, de jeunes et beaux cerveaux lumineux vont nous inventer des choses extraordinaires dans chaque domaine, y compris celui-ci). Et pour ces étudiants qui apprennent le langage des signes, à votre avis ? Quelle forme pour la connaissance en lettres ? Pour les sciences de l'éducation (terme discutable avec le mot « science » accolé, que l'Université de Genève donne à ceux qui vont s'orienter vers les études sociales ou l'enseignement…) ? Avouons que la géométrie cryptée pour apprendre les sciences du vivant (ou à intégrer dans les neurones) ne sera pas la même que si nous parlons d'études d'art visuel ou du graphisme. Vous saisissez ?

Chaque matière a son code crypté. Certaines fois, les cerveaux des étudiants sont bien formatés, ils se sentent à la bonne place et la taille ou forme de leur cerveau acceptera aisément les masses immenses d'informations qu'ils vont devoir absorber, décrypter, puis enregistrer.

Parfois, en revanche, la matière ne rentre pas. Comme si la forme du savoir ne pénétrait pas vraiment dans le formatage de l'étudiant. Je rencontre de nombreux jeunes qui ont tenté des études, puis ont raté ou sont partis en courant, car la matière ne pouvait pas vraiment correspondre à leur finalité de conception ou les informations n'avaient pas la bonne forme pour réellement bien s'intégrer à leur fonctionnement. Je leur explique que cette matière n'avait pas la bonne lumière pour eux, ni la bonne forme peut-être. Cela les soulage énormément.

Pour certains, il faut plus de temps, mais la forme finit par entrer : dans ce cas précis, c'est tellement génial de redoubler ! De là à les illuminer… il y a une marge.

Parfois, l'information est incompatible simplement. S'en rendre compte est moins culpabilisant. Comprendre, c'est important. Mettre en mots aussi. Après tout, nos destinées et la diffusion de la lumière peuvent se faire de mille façons, heureusement !

La lumière, dans les études, c'est un peu comme de la très haute couture dans le domaine des structures, cela demande de tricoter, couper, trancher, structurer et surtout enfiler, effiler, enfin apporter le petit plus que les autres n'ont pas trouvé.

Il faut « tricoter » les données, avec un cerveau qui a une certaine forme d'emblée, de par son architectonique cérébrale héritée. Il doit ensuite faire entrer des formes, des photos, des structures, des informations cryptées, tout en acceptant que, s'il est en grande aptitude pour comprendre l'ovale, rien ne sert de trop s'appesantir sur le carré. Acceptez !

En effet, si certains cerveaux ne peuvent pas faire passer un hexagone lorsqu'ils sont formatés en forme de rectangle conditionné, est-ce vraiment de leur faute ? C'est un peu comme faire avaler de la littérature à un grand dyslexique ou inscrire un dyscalculique dans des études de math, autant les faire souffrir directement. Les dévaloriser et abîmer leur estime d'eux au passage. Leur dire, comme font certains parents, d'arrêter de se plaindre et de faire plus d'efforts, alors qu'ils ne peuvent pas y arriver. Autant dire à un myope de cesser de se plaindre sans ses lunettes… comme s'il pouvait voir avec netteté. Il est des choses dont on peut sourire, l'humour est délicieux, seulement lorsqu'il est respectueux. D'autres ne font pas rire, notamment lorsque l'étudiant rate, n'a pas compris pourquoi et que l'on continue de se moquer de lui tandis qu'il lui fallait juste corriger sa myopie.

Par le biais des formes des savoirs et de la quantité de lumière apprise, l'étudiant peut s'apaiser en comprenant autrement son chemin et ses aléas. La trajectoire de ses pensées ne saurait mentir, ni la quantité de lumière intégrée. Soit elle grandit au fil des études, parce que les connaissances étaient compatibles avec ses capacités à visiter, soit pas.

Et n'oubliez pas, jeunesse, que les formations ne sont que des sortes de « musées à visiter ». Les tableaux plaisent, exaltent, émerveillent, remplissent de sensations incroyables… ou pas !

Vive les lunettes !
Et une bonne géométrie
Savoir acquis.

La psychopathologie

Ô... Aïe !
Questionnement sans fin
L'âme sait.

Comment ne pas être tentée d'allumer le monde de la psychologie par le biais des métaphores !

Prenez du recul et visualisez sans juger. C'est un parcours santé.

Il était une fois la psychologie... avec sa tentative de comprendre la nature humaine, ses interactions et son comportement en vue d'une amélioration en cas de souffrance. En très court, car je ne désire pas me faire des ennemis dans le cadre de ma profession.

Bien entendu : gardez votre traitement en cours.

Évidemment, rien ne saurait remplacer votre psychiatre et/ou votre psychothérapeute si le contact passe bien.

Face à un danger susceptible de toucher l'intégrité psychique ou physique, le traitement et l'hospitalisation sont parfois nécessaires. Savoir faire la différence fait partie des compétences essentielles dans ma profession.

En revanche, pour toute une tranche de la population, la psychothérapie reste une mise en lumière des mécanismes psychiques, pour mieux les accompagner vers une plus belle fluidité et des sourires augmentés.

Toutes les pathologies psychiques extrêmes (que je n'aborderai pas ici), horribles, comme on peut en croiser au fil de la vie, font peur. Beaucoup de livres, histoires, films les décrivent plus ou moins bien. Tellement d'humains en vivent, en des proportions diverses et variées.

La souffrance nous émeut, nous crispe, nous donne envie de fuir, de crier, elle sidère, indigne, elle attire aussi.

Par le biais de la métaphore, nous pourrions, juste un instant, visiter autrement la psychopathologie : si l'on étouffe trop la lumière d'un individu, cela crée quelque chose qui stagne, puis devient ensuite une maladie grave, à l'instant où cela dérègle la vie (le quotidien, le travail, les responsabilités et la manière de penser).

Et si… la maladie psychiatrique était une suite de lumière obstruée ? Par des gens, des réseaux, des comportements, des formes pensées ?

Ne serait-il pas éclairant pour certaines personnes de l'imaginer ainsi ?

Les personnes des siècles passés y mettaient bien de la poésie avant de comprendre la neurologie ! Pourquoi pas une nouvelle fonction de réverbère ?

Peut-être que la personne n'a pas été suffisamment remplie de douceur durant son enfance, éclairée sur le chemin de son adolescence. Peut-être a-t-elle vécu dans un environnement dysfonctionnel ? Ses blessures, traumatismes et insécurités l'auraient impactée, et donc rendue moins lumineuse « dedans ». Elle a commencé à déchanter, s'appesantir, se plaindre et souffrir. Elle se sent peut-être vide. Seule. Dépassée, isolée. Éteinte à la vie. L'envie de se retirer, de se suicider, n'est souvent qu'une suite logique quasi équationnelle de la somme des blessures endurées.

J'ai toujours pressenti que la pathologie survenait lorsque l'énergie se coupait. Dans mon livre *Psycatalyse*, j'ai tenté de l'expliquer dans l'espace, le temps et l'énergie, avec mes mots du moment :

Tout ce qui coupe, blesse, stoppe, colle, déjecte, salit, éteint, instaure la pathologie.

Tout ce qui renoue, anime et allume, relance la vitalité et la santé psychique.

De nombreuses situations échappent totalement aux psy. Des zones d'ombre, de non connaissances, non compréhension… sont le lot de notre quotidien de pro. Eh oui… nous ne maîtrisons pas tout ! Heureusement d'ailleurs. J'ai parfois l'impression que certains êtres exceptionnels ont des comportements « à rallonge », comme si leurs dendrites touchaient trop de zones du cerveau en même temps, insufflant des conflits intrapsychiques. Pour certains des synesthésies, mais ce phénomène est connu et observé scientifiquement, c'est plus aisé. Mais pour les autres ? Bug de synapses ou obstruction des énergies ?

Ces comportements de sur-activations neuronales bloquent quelque chose, au même titre que l'hippocampe pourrait créer un état dissociatif post-traumatique en cas de grand danger. Il existe des similitudes qui pourraient nous éclairer. Le monde du traumatisme m'aide beaucoup pour comprendre les fonctionnements neuroanatomiques des comportements psychiques « à rallonge ». Un cran au-dessus, par-delà ou même au premier degré, la métaphore pourrait nous aider à les éclairer.

Et si… ces « allumages étendus » tentaient d'apporter un changement de référentiel à la base ? Ces « rallonges » de cognitions pourraient peut-être nous conduire à penser autrement si nous les valorisions. Ce qui modifie le comportement et change le quotidien « en mieux », ne me dérange aucunement. À bien y regarder, cela pourrait même servir l'humanité en quête d'amélioration !

Asperger, déficients, TDAH, dys quelque chose, trop ceci, pas assez cela, tant que le quotidien allume des facettes de notre boule préférée, c'est en règle ! Si la boule à facettes a trop de couleurs ou pas assez, qu'importe la danse, pourvu qu'elle soit « en cohérence » et… un-peu-beaucoup-suffisamment « adaptée ». Un minimum reste requis pour une bonne santé psychique au sein de notre société. Par-delà un certain seuil… la pathologie pointe son nez.

Si le champ des comportements rétrécit le champ des actions d'un individu, si cela l'empêche de bien vivre sur Terre dans un corps de chair et bloque son vécu, alors nous pouvons parler, à un certain seuil trop critique, de maladies psychiatriques.

Le diagnostic aura une valeur pour l'accompagner avec des aides nécessaires à son fonctionnement dans l'invalidité ou le suivi.

Cherchons toutefois ce qui allume l'individu et ce qui l'éteint au lieu de le cloîtrer dans des étiquettes ou des cases qui risquent de l'enfermer sans lui offrir un autre tunnel de considération.

Certains cerveaux spéciaux (qu'ils soient différents ou handicapés) ont des moments « d'évidence » ou de « mise en lumière » si vous préférez. Ils « luciolisent » l'espace et le temps, ils sont nés pour nous éclairer !

Et si... certains cerveaux « lumineux » n'avaient pas été correctement diagnostiqués ? L'avenir pourrait les percevoir autrement. Avec un référentiel différent.

Et si... ces cerveaux étaient des translecteurs de « moments d'évidence » (un genre de science infuse sans érudition), que l'environnement n'a pas encore captés ? Si leurs actions étaient des tentatives maladroites de remise en cohérence, en harmonie ? De manière certes un peu tenace, obsessionnelle... parfois.

Ils essaient d'expliquer. Ils abordent des savoirs autrement. Ils ont des connexions entre les éléments qui s'imposent à eux, comme s'ils lisaient presque dans un Grand Livre Géant de la Connaissance Innée Incréée, alors que les autres ne voient rien. Les gens qui avaient des « dons » durant l'Inquisition étaient maltraités, alors qu'ils étaient simplement les pharmaciens du coin ou les herboristes de l'époque ! Ils soignaient, in fine ! Certes, allumés de la tête et du regard intérieur. L'allumage a souvent dérangé...

Galilée, la terre ronde, tout-cela-tout-cela... Procès-folie-pathologie ! C'est tellement plus simple de traiter les gens de pathologiques au lieu d'écouter ces visionnaires dans leur réagencement d'une parcelle de vérité, dans leur éclairage spécifique différemment exposé. Diagnostiquer une pathologie est parfois un moyen efficace de se « débarrasser » d'une potentielle remise en question de l'environnement, notamment familial. Pour ne rien changer, qu'est-ce que ne ferait pas l'humanité !

Je m'en voudrais de répéter mes anciens écrits, par conséquent mon but étant dans ce présent ouvrage de traverser la vie courante plus que la pathologie, je vous laisse vous éclairer intérieurement en réfléchissant à la maladie psychique (ou physique) juste « autrement ».

Et si… l'être pathologique n'était qu'un bâtisseur du monde de demain, un portail sur de nouvelles connaissances, depuis tout petit, mais dont on aurait empêché l'évidence et l'envie de cohérence durant son enfance ?

Je présume qu'un enfant dans une famille fonctionnelle, emplie de douceur, de lumière, avec de saines limites, ne se blessera pas, ne se scarifiera pas, ni développera des troubles du comportement. Parce qu'au fond de lui, il existera des « évidences » que ces parents auront réceptionnées, pour ensuite en discuter, lui permettant d'en grandir autrement. Ou pas.

En tous cas, les nouvelles générations tentent de nous balancer leurs évidences qui nous ont échappées : sur l'intimité, les genres, la communication, les gravités, etc. Validons leur discours dans un premier temps, accueillons avec bienveillance leur éclairage potentiel, pour ensuite surfer avec eux sur des brins de lumière différemment éclairés. Ensemble, éclairons l'atmosphère de la pathologie sur terre.

L'évidence des lucioles de demain… j'aime bien.
Que nenni patte blanche : ils disent n'importe quoi !
Es-tu sûr que ce n'est pas toi ?

Coup de gueule !

Poussière du monde
Ruches dérangées, herbe dans les oreilles
Suffit !

Un « cerveau de lumière » est un être qui tâche de rester harmonieux quels que soient les événements, même… si… trop de lois sont transgressées à son goût ! Les lois de l'harmonie surtout. Les lois divines, terrestres, bref, les lois de chaque dimension. Au lieu de créer une pathologie, un coup de gueule ne serait-il pas parfois harmonieux, in fine ? L'harmonie n'a rien à voir avec la douceur, on peut être doux et imposer une remise à niveau pour redresser une énergie non justifiée.

> Le coup de gueule de la lumière d'amour est un peu comme un élan pour « nettoyer » une situation, une énergie ou un enchaînement face à trop d'obstructions ou de déjections.

Il signale une situation qui n'est pas adéquate. Les Canadiens disent : « Il a brûlé la lumière ! » pour expliquer qu'un individu ne s'est pas arrêté à un feu rouge. C'est une belle image de nos amis. Je ne parle pas de succomber à la colère ni d'y rester, mais de « se mettre en mouvement » de manière appropriée, soit après s'être arrêté, soit pour se retirer, pour s'avancer, bref pour se remettre en adéquation avec une règle, une loi, une vérité. Ou pour « nettoyer » une situation, un événement, une relation. Sans décompensation psychiatrique, sans se rouler par terre, ni baver, naturellement.

Les cerveaux de lumière auraient donc aussi leurs « coups de gueule », si j'ose l'exprimer ainsi. Il est important d'être indigné contre tout ce qui ose blesser l'intégrité physique ou psychique, mais aussi l'intégrité de l'harmonie ou la qualité de la lumière. Les coups de gueule s'imposent lorsque quelqu'un a transgressé les lois de l'espace, de l'énergie et du temps, les lois de nos codes aussi.

Parfois, une étincelle de colère permet de nettoyer. Me remémorant la colère du Christ chassant les marchands du Temple décrite dans la Bible, il est important de se dire que les plus grands ont pu, eux aussi, s'énerver pour « aligner » une masse de gens qui n'ont pas su respecter des règles de base correspondant à la lumière. Colères de Dieu, Déluge ou Plaies d'Égypte, nombreux sont les exemples de remise en lumière par le biais de la colère dans les textes sacrés.

Notons toutefois que certaines religions n'ont pas cette colère incluse, dans l'hindouisme ou le bouddhisme, par exemple. En effet, Dieu étant l'Univers, il ne se retourne pas contre lui-même. Dans la même veine, les autres étant nous-mêmes, il devient impossible de les blesser sans se blesser soi-même. Siddhârta Gautama ne succombait-il jamais à la colère ? Je ne sais, il incite du moins à penser que tout ce qui conduit à s'énerver va se retourner contre soi. Des millions de gens y croient. C'est un éclairage différent, une mise en lumière du boomerang. Ce dernier se chargera donc de « nettoyer » toute situation en une espèce de retour cosmique.

Bref, pour ceux qui ne sont pas encore en cet état de félicité perpétuelle, la colère des cerveaux de lumière peut être terrible, virulente, immense, généralement intérieure (encore que…), énergétiquement puissante. En tout cas, elle a pour but d'être clarifiante ! En cas de salissure, elle essaie de nettoyer. Tellement de choses font monter les tours à certains êtres sensibles, à la hauteur des multiples possibilités qui ferment leur énergie.

En vieillissant, ils s'apaisent ou comprennent différemment, mais plus jeunes, leur emportement n'est pas toujours dû à un dosage d'hormones trop activées. Il est plutôt relié à la lumière empêchée, la circulation bloquée, la réalisation de leur mission empêchée.

Par contre, restons prudents dans nos dires, car un individu éveillé ne va pas instaurer des situations qui sont contraires à ses valeurs, donc il ne va pas blesser à son tour dans le grand circuit de la vengeance.

Une colère d'enfant lumineux survient lorsque d'autres enfants ou, pire, des adultes, lui bouclent sa circulation intérieure et l'empêchent de faire ce qui lui semble juste et lumineux.

La colère d'un psy, c'est quand on l'empêche de faire son travail d'harmonisateur et de remise en fluidité des situations : par exemple quand un parent blesse son enfant durant les séances en affirmant qu'il a raison sans se remettre en question, quand ses réactions délétères conduisent le jeune à l'envie de mourir sous nos yeux. Bref, quand on bloque le passage de la lumière, empêchant l'éclairage thérapeutique nécessaire, notamment en tentant d'empêcher le psychothérapeute de procéder à des signalements (qui, je le rappelle, sont obligatoires légalement pour tout mineur en danger).

La colère d'une mère survient si on s'en prend inutilement à ses enfants, mais pas uniquement. Celle d'un père lorsque l'on s'en prend à sa tribu, son identité, son job et aussi ses enfants, naturellement. Hommes comme femmes, nous avons tous les mêmes réactions et le droit d'être révoltés, fâchés. Ces colères ont du sens, elles sont aussi utiles que celles qui relèvent de l'indignation. Elles sont saines, nettoyantes autant que faire se peut, lorsqu'elles restent cadrées.

Je ne parle pas de la colère des « rageux » qui veulent toujours plus, toujours pour eux, même en salissant autrui. Je parle de ceux qui luttent POUR la lumière ou ceux qui se sont missionnés pour laisser le plus possible passer la lumière.

Si un malencontreux acteur (parfois innocent ou inconscient de ce qu'il fait réellement) tente de couper cela, cela peut faire monter les tours. Au début seulement.

Car rapidement, si on parle ici réellement de « cerveau de lumière » éclairé, réflecteur ou translecteur, il va envoyer (ou tenter d'envoyer) de la lumière à ces coupeurs d'énergie... ces extincteurs de joliesse et ces mécontents de la Vie.

Envoyer de la lumière à un « rageux », c'est tenter de l'éveiller pour qu'il grandisse de son erreur. Pour qu'il s'apaise aussi.

Dans ma vie, il y a des thèmes qui me fâchent, comme :

- Les abus sexuels non signalés ou les faits qui devraient l'être, les collègues psy qui ne font pas leur travail pour s'éviter des préjudices et rester dans leur réalité faussée, pour leur tranquillité.

- Lorsque des individus sont maltraités, abusés, négligés ou que leur intégrité a été touchée. Et que personne n'ose en parler ! Que certains nient des faits qui se sont pourtant factuellement passés.

- Les gens qui n'assument pas la responsabilité de leurs actes, qui mentent, trompent, trahissent, sans oser se l'avouer.

- Les gens « connus » qui ne sont jamais ennuyés parce qu'ils se sont « débrouillés » pour être immunisés, au prix de quoi ? De leur conscience, pardi !

La liste pourrait être longue, sauf qu'elle ne resplendit pas uniquement de la lumière, donc je préfère l'abréger. Le seuil entre un coup de gueule assainissant et un coup de gueule dans le vide est assez difficile à saisir parfois. Je trouve que c'est utile que des gens osent parler.

Bravo à tous ceux qui font un coup de gueule nécessaire à l'évolution des consciences, qu'ils l'appellent « Balance ton porc ! » ou autrement, les humains doivent sortir des œillères sclérosantes qui empêchent les victimes de se déclarer. Les gens ont peur. Les consciences doivent encore évoluer donc... il faudra encore oser.

Nous pourrions ajouter un jeu de mot du genre « Balance ton proc ! » pour lancer l'idée que les familles réputées ne devraient pas être immunisées ni protégées en dehors des lois. Mais mieux ne vaut pas le dire... le prix à payer en Suisse reste encore trop fort.

Ce thème du coup de gueule a-t-il quelque chose à voir avec ce livre ?

Oui, car il aborde le fait d'obstruer la lumière : « cacher la merde aux chats », menacer et faire peur, éteindre l'étincelle de vérité, etc. Le lien est facile, nous sommes pile sur le thème abordé.

> Derrière ce coup de gueule, il y a les réseaux qui souhaitent assombrir, faire du mal, couper les ailes, retirer la candeur, détruire la naïveté et empêcher de rêver.

Les coups de gueule servent justement à éviter que cela dure. Ils coupent l'élan négatif et essaient de remettre de l'ordre, l'axe à sa place.

Dans le fond de nos êtres, nous portons tous des épisodes que nous aurions dû... pu... vivre autrement. Ceux qui croient en une vie après la mort vous diraient que tous les dossiers sont bien suivis. Que rien ne disparaît, que les suites qui se déroulent post-mortem devraient apaiser les consciences en les traitant hautement. Autrement. Une fois que la lumière fait son œuvre.

Durant la vie, nous tentons de remplir notre être de lumière, c'est même presque l'unique mission. Après la vie, il doit bien y avoir une logique y succédant. Donc une suite de nos actions et nos omissions.

C'est la raison pour laquelle j'aborde ici les coups de gueule, ils servent à retrouver la lumière quand trop de zones d'ombre ne lui ont plus permis de passer, ils sont les déclencheurs d'une « mise en action qui commence à nettoyer ». Même si après... il vaut mieux se calmer !

Nos coups de gueule lumineux seraient-ils des passeurs d'énergie ? Des transmetteurs de nouvelle lumière ? Des éclaireurs de nos faiblesses ? Des élans emplis de courage pour agir, dire, crier si nécessaire !

Je dis souvent à mes patients que lorsqu'il faut dire « non », il est capital de le faire, quelle qu'en soit la manière.

Hurlez « non » s'il le faut ! Mais faites-le ! Parfois c'est une question de vie ou de mort en situation d'abus ou de maltraitance, de conséquences graves. Sentez-vous cette différence d'énergie ? Cette insistance qui pourrait sembler violente, mais qui hurle pour garder la vie ?

Pour moi ce « NON » est de la lumière pure, un peu comme une surpuissance décuplée, qui parfois donne une force incroyable aux résilients qui ont eu le courage de dire « Non » en hurlant. Comprenez-vous ?

De nombreuses personnes ont hurlé du fond de leur être un tel « Non ! » qu'ils ont survécu incroyablement, trouvant une force surhumaine pour sortir de leur sombre situation.

C'est ça, un coup de gueule ! C'est un genre de « Non, je ne suis pas d'accord ! Je veux vivre et permettre à la lumière de décupler ! Je suis missionné, j'assumerai ! ».

L'inverse, les anti-coups de gueule sont les « Tais-toi, mieux vaut pas, laisse tomber… », ce sont des éteignoirs.

Les mensonges, les non-dits, en sont une belle représentation comportementale, ils font du mal aux appareils psychiques, au sein des familles, ils blessent, éteignent, laissent des traces dans nos cavernes intérieures.

Comme tout se transforme et que rien ne disparaît, les non-dits ressortiront ultérieurement. Autrement. Éclairés. Gare à la mise en lumière et à la fois, nous vivons un temps où nous sommes missionnés pour faire cesser ces obstructeurs de conscience.

Les gens ouverts croient en un au-delà bénéfique et créateur. Pourquoi pas ? Le film serait beau. Cela serait tellement profitable d'imaginer une sphère supérieure à celle de l'humanité qui agirait de manière plus stable, fiable, lumineuse et clarifiante. Avec responsabilité et conséquences justes. Une justice divine en quelque sorte, un truc magique tellement rassurant pour tous ceux qui ont souffert inutilement.

Une personne ouverte fait… ce qu'elle peut de toutes ses forces jusqu'à ce que les lois qu'elle connaît l'en empêchent ou qu'elle soit au bord de ce qu'elle ne maîtrise plus.

Se retirer avec élégance et dans la loi fait partie de l'apprentissage de la vie.

Mais jusque-là et autant que faire se peut, cette personne AGIT !

Pour le bien commun, le bien de quelque chose, pour plus de lumière, elle tente de ne pas s'éteindre, ni ne permet à autrui d'éteindre un enfant, ou encore un individu en fragilité.

Certains cerveaux de lumière mènent des combats qu'aucun autre n'aurait supporté de faire.

Eux restent sur les champs de bataille, la tête haute et le cœur en avant, sans peur, la lumière pointant. Car pour eux, le plus important sera de garder leur conscience intacte ! Quel qu'en soit le prix.

Ils osent parler ! Ils osent vérifier, ils déplacent nos curseurs intérieurs, ils modifient les calibrages acquis et argumentent pour expliquer que l'espace, l'énergie et le temps pourraient être autrement exprimés et mieux tolérés si nous faisions ceci ou cela. Ils sont courageux, ces cerveaux de lumière. Certains se grillent les ailes, mais bon nombre ont réussi à faire de notre humanité ce qu'elle vit actuellement ! À tous les suivants de guider nos pas. Accueillons les enfants, car eux nous montrent le meilleur chemin. À nous d'avoir le courage de les écouter s'ils tentent d'allumer notre réalité différemment ! On ne sait jamais… qu'ils aient raison !

Un « Yoda » (personnage de *Star Wars* ou *La Guerre des étoiles*, de Gorges Lucas) vous dirait : « Post-mortem, justice divine il y aura ! Lumière finale nettoiera. » Cela doit être grandiose et surtout bien décapant, si j'en crois la quantité de faits divers dans nos médias !

Bang bang !
Fleurs de cerisiers
Poussière lavée.

Coup de recadrage !

Arrêt dans les feuilles
Sauter dans la flaque
Décor transformé.

Si le coup de gueule nettoie (ou tente de le faire...), le recadrage demande des précisions, exige des modifications.

Sans l'énervement... les « cerveaux de lumière » recadrent tout de même ce qui ne résonne pas correctement dans leurs cellules ou leurs antennes.

Ils ont l'art et la manière de le dire, toutefois ils ne laissent pas passer avec mansuétude des sujets qui ne sonnent pas vraiment correctement. Ils passent pour être « insistants ». J'en souris...

Dans le cadre de mon travail, il y a des thèmes qui ne fâchent pas vraiment, mais qui reviennent inlassablement de manière erronée et qui agacent parce qu'ils insufflent du faux. Dans la suite des médias essentiellement et par une mauvaise compréhension des phénomènes psychiques.

Par exemple, il y a des gens qui sont ultra-sensibles et se croient être à haut potentiel, alors qu'ils ne le sont pas. Pourtant, ils arrivent dans mon bureau et me disent « Je suis ultra-sensible, je me retrouve dans tous les livres sur les HP, donc je suis HP ». Sauf que certains sont juste... trop émotionnels... en souffrance... voire psychiatriques et ne font pas partie de la catégorie des cerveaux avec particularité de précocité.

Il y a des HP qui ne sont pas très ouverts. Clairement. Dommage pour eux, car l'intelligence dénuée de lumière fait beaucoup de mal autour de soi. Nous sommes parfois obligés de les regarder faire souffrir sans parvenir à les éclairer, car ils sont butés, psychorigides et convaincus d'avoir raison. Je n'ai aucune admiration pour ce genre de HP. Ils sont certes en souffrance et c'est à nous de les rendre potentiellement plus humbles pour leur permettre d'imaginer que... peut-être... d'autres humains ont le droit de penser « autrement ». Cependant le chemin est caillouteux pour bon nombre d'entre d'eux. Pour d'autres, je ne vois que murs et barrières (peurs et mécanismes de défense en termes psy).

Les gens ouverts ne sont pas tous HP, comme je vous l'ai déjà dit. Dieu merci !

Cessons immédiatement de tout mélanger.

Recadrage, il y a nécessité.

Les surabondances d'informations de nos jours perdent beaucoup de gens sur des chemins qui ne ressemblent pas à leur destinée. Cela les sort de leur route. Au lieu de se chercher eux-mêmes, ils tentent d'exister par le biais de concepts « extérieurs ». Ils veulent « briller » sans s'allumer. En fait, ils attendent tous d'être « aimés ». Tous les patients, sans exception, qui ont fait plusieurs tests de QI sur Internet ou chez des collègues ont une estime d'eux basse et souhaiteraient exister, être reconnus à travers leur QI ! Ils manquent donc de lumière. Et parfois de QI.

Recadrer, c'est ramener ces gens à la réalité, sur leur chemin, sans les égarer.

C'est aussi rester honnête, malgré les attentes sociétales.

Les attentes sont une quantité d'énergie aspirée, tandis que la considération juste une quantité d'énergie donnée.

Le haut potentiel est un concept très en vogue, fourre-tout, dans lequel les soignants se perdent au point de parfois mal diagnostiquer ceux qui viennent les questionner. J'ai tout entendu. Une fois, une dame est même venue avec un certificat, entouré de belles décorations dorées comme un diplôme universitaire, avec son nom au milieu : Madame Untelle certifiée surdouée.

Quelle honte ! Je me demande où est la mise en lumière dans ce genre de publicité mensongère. Car le service qui lui avait livré ne lui avait même pas fait passer de test de QI. Juste quelque deux ou trois heures de discussions avaient suffi à la faire… payer.

Un HP assez bien câblé est un être qui va « mettre son intelligence au service de… » bonnes causes. Ou pas. Parfois, il se perd dans les méandres de ses propres réflexions, qui ne mènent nulle part ailleurs que dans la médiocrité de son propre jugement.

> Un cerveau de lumière utilise son intelligence pour mettre en lumière. Il n'a pas besoin de confirmation ni de diplôme pour le faire.

Dieu merci, il ne faut pas avoir 150 de QI pour allumer une bougie intérieure, respecter la nature et oser offrir son cœur !

Un autre thème soulève un besoin de recadrage (enfin de nombreux sujets, mais je vais savoir m'arrêter là, promis), ce sont les idées toutes reçues, du genre « Il faut éviter de dire NE… PAS… car nos cerveaux n'apprécient pas », etc. Ce genre d'idée me fait bondir, ou sourire, mais rarement je les valide. Car, en effet, comment éduquer un enfant ou cadrer une entreprise sans règlement, ni loi, sans dire ce qu'il « ne faut pas faire » en certains endroits ?

Les 10 commandements ne nous disent-ils pas « Tu ne tueras point ? » Excusez-moi, mais sans ce fameux « ne… pas », la vie serait totalement anarchique, le code pénal aussi. Mon cerveau crée souvent ces « ne pas », pour mon chat, notamment. Il *ne* montera *pas* sur la table des humains ! Certes, je peux faire des vrilles intellectuelles en lui expliquant que « vu que c'est la table réservée aux humains, il doit être disposé à se situer essentiellement dans son espace de nutrition au sol ou sur les canapés », mais pensez donc, il ne comprendra pas l'information !

Au niveau éducationnel, si vous évitez les « ne… pas », vos enfants ou animaux ne vous écouteront tout bonnement plus. Au niveau énergétique, le « ne… pas » existe bel et bien comme étant clarifiant, au même titre qu'une information bien claire au niveau du cerveau reptilien fait parfois beaucoup de bien pour tout le monde. Chacun son territoire, après tout !

> Les psycholinguistes ne savaient sans doute pas que derrière chaque mot prononcé il y a un sens, une circulation, une énergie ou un quantum de lumière.

Dommage qu'en psychologie il n'y ait pas encore de chaire de psychologie quantique. Mais vous verrez, cela viendra, les nouveaux cerveaux s'en chargeront. Nous entendons parler de médecine quantique depuis pas mal de décennies, la psychologie suivra ! Haut les cœurs !

> Et si... derrière les recadrages nécessaires, les cerveaux de lumière voyaient simplement la circulation de l'énergie erronée ? Que leur cœur leur signale tout bonnement.

Et si leur aptitude leur donnait toujours le sens, le quantum, l'allumage et des références différentes, bien que tangibles ?

Apprenons aux générations suivantes à reconnaître ces moments bénis nécessaires et utiles à la société en pleine évolution. L'éducation permettra de mieux comprendre non seulement les lois de l'univers, mais celles des humains aussi.

Diplôme de cœur
Loi respectée
Neurones contents.

Utilisation des lois au service de la lumière

Roc utile
Un sage assis sur le nerf optique de la vie
Décide.

La loi fait peur, pour moi, elle « éclaire ». Enfin, normalement…

Il y a des gens qui ne comprennent rien dans les lois et/ou qui sont « contre », par principe, parce qu'ils en ont souffert une fois, il y a longtemps parfois. Par ignorance ou par manque de conscience. Par esprit de supériorité aussi. Vous avez dû en croiser de ces phénomènes-là : ils sont bien entendu au-dessus des lois ! Cela ne les concerne pas.

Il y a des « clarificateurs » qui vont ennuyer beaucoup de monde parce que justement ils vont utiliser les lois pour mettre en lumière un non-respect de quelque chose afin d'éviter que l'intégrité de quiconque soit touchée. Le centre n'est pas sur eux, mais bien la « mise en lumière », la clarification, en décentration. Comment dit-on : sortir les cadavres des placards ?

Combien de fois ai-je eu des ennuis de gens malveillants ou de prédateurs parce que j'avais retiré une victime de leurs griffes, ou parce que j'ai eu le courage de maintenir mon signalement malgré les intimidations et les menaces de mort. Qu'importe, si ma conscience me dicte quelque chose, je vais jusqu'au bout. Et je le referais, si c'était à refaire ! En mon âme et conscience, soutenir les victimes d'abus en tous genres et dire les faits lorsqu'ils sont à dire est capital (tout en respectant les règles, lois, directives cantonales et fédérales en Suisse, ou les lois judiciaires départementales et gouvernementales en France). Avec beaucoup d'ennuis à la clé, mais qu'importe, comme je l'ai noté plus haut, le plus important reste notre conscience et non pas les soubresauts cacophoniques des gens malveillants validant des interdits.

Si je meurs dans quelques instants ou dans quelques années, je peux rester intègre avec ce que j'ai tenté de faire de mon mieux. Même si cela ne fut pas compris par ceux que j'ai croisés.

Toute la difficulté réside dans le fait de se questionner inlassablement avec humilité pour savoir si notre démarche est juste ou non. Va-t-elle vraiment clarifier sans déraper ?

Il est capital de le demander à d'autres personnes éveillées pour se rassurer quant au bienfait de nos actes, ainsi qu'à des professionnels de la loi pour les démarches juridiques, des collègues, des amis, des proches. Mais lorsqu'elles sont lancées, il faut ensuite les assumer.

Pour le reste, comment vérifier ? S'il y a quelque chose après la mort, nous verrons donc post-mortem si cela était juste.

Voilà ce que peuvent faire des gens qui ont une conscience et qui tentent d'utiliser les lois à bon escient pour « clarifier et assainir » les situations. Point d'esbroufe inutile, simplement une action saine en un instant donné, car impact il y a sur un espace, un quartier, une personne ou une énergie.

Pour le retour à la lumière, il est parfois utile de recadrer des choses avec la loi.

Bref, il y a des gens qui sont proches de leur conscience et en quête de lumière dans leurs remous intérieurs, ils l'appliquent dans leurs actions. Ils osent dire non. Et stop. Par ce biais-là.

Ensuite, il faut aussi savoir se retirer avec élégance et justesse lorsque les lois ne soutiennent plus ou semblent insuffler l'inverse. Une juste tentative. Une action. Bien se renseigner et aviser du retrait en toute circonstance, si cela devient incohérent de poursuivre.

Il faut estimer la quantité de lumière : sera-t-elle finalement supérieure à la quantité d'obscurantisme, ou l'inverse. Au fond de nos êtres, il doit exister une équation. Si plus de lumière il y aura, autant avancer. Si tel n'est pas le cas... réfléchir.

Parfois, il est difficile de ressentir si les victimes elles-mêmes ne vont pas s'éteindre du fait de la démarche lourde à assumer. Équation complexe, je le concède. Accompagner une victime et la sentir vouloir se suicider n'a pas de sens. Sauf s'il y a d'autres victimes à protéger.

Et à la fois, ne faut-il pas tout de même appliquer la loi ?
Bref.
Cornélien...

Il existe des gens malveillants qui vont utiliser des lois pour faire du mal, éviter qu'on les regarde eux ou insufflent le fait que « l'autre » a toujours tort, sans se remettre en question. Sans en grandir. Sans réfléchir. En général, ils « ont raison » !

Il y a des « rageux » qui ne se retirent pas parce que leur ego est englué dans « leur » besoin d'avoir raison. Même post mortem, ils s'organisent pour laisser des traces sur des clés USB, des pages écrites, des messages audio alloués à ceux qui... avaient... selon eux... tort !

Les rageurs vont poursuivre et lancer des procédures pour faire plier, gagner de l'énergie, bouffer l'espace des autres, pomper la vitalité et se sentir vivants en s'appuyant sur la souffrance d'autrui. Les manipulateurs ou pervers vont aller un cran plus loin, les criminels encore plus. Ce sont des « vampires » de l'espace, du temps de vie, de l'énergie.

Les cerveaux de lumière tentent de comprendre l'espace, de gérer le temps et de décupler l'énergie pour une vie plus saine en accord avec leur conscience et les lois de l'univers, ils vont donc s'appuyer sur les lois de leur pays.

Les rageurs vont souffrir le martyr s'ils ne gagnent pas, ils vont perdre beaucoup d'énergie, d'espace et de temps, en faire perdre aux autres, mais ils vont dire systématiquement que c'est de la faute des autres. La victimisation reste un des moteurs principaux de l'humanité dérapante. Ainsi que l'instrumentalisation. La triangulation. La manipulation. Bref, ce qui lance un voile pour éviter que tous comprennent les tenants et les aboutissants avec clarté.

Les individus sains, eux, vont faire la démarche pour une juste cause, une mise à la conscience à insuffler « chez autrui » et non point pour eux, un besoin de protéger, une mise en lumière sur un élément, quitte à tenter un revirement de jurisprudence.

Je ne nie pas que les lois doivent encore être nettement améliorées en certaines zones grises pour lesquelles elles ne sont pas encore correctes. Les générations de lumière vont s'y escrimer, j'ai bon espoir que certains cerveaux pointent précisément ce qui ne convient plus et qui doit impérativement être « updaté ».

Quant aux erreurs judiciaires, elles sont terribles, y mettre de la lumière simplement ne suffirait pas. Je pense qu'un ouvrage entier devrait s'y coller. Je n'aurai pas la place dans ce présent livre de m'y affairer, simplement je sais, en mon âme et conscience, que certaines choses ne sont pas justes. N'ont pas été justes. Ou ne seront pas toujours justes.

Le thème philosophique de l'âme qui remet la cohérence là où il n'y en avait pas, de notre vivant, est tentant. La justice divine aussi. Puissent d'autres concepts qui nous échappent encore prendre le relais sur notre inconsistance ou manque de cohérence.

Le but est de nous sentir en accord avec notre conscience.

Est-ce que nous pouvons rayonner d'une belle lumière, même lorsque les injustices coexistent avec notre réalité ? Seulement pour certaines personnalités d'exception.

Que la lumière soit !
La lumière fut.
Mais arrivée sur Terre... elle n'a pas toujours pu.

La lumière dans les difficultés

Quand tout pétouille
Ouvre le frigo
Souris et bon app'

Pourquoi assombrir mon discours par le thème des épreuves ? Pourquoi ne pas conclure par une myriade d'étincelles dans une lumière époustouflante ? Parce que, précisément, c'est dans l'épreuve que la lumière est la plus juste. Il semblerait que lorsque nous sommes le « cul dans les coussins » en pleine béatitude... ce n'est pas nécessairement une vraie lumière !

Conserver la foi en des instants compliqués, c'est fort.

Sourire même en cas de difficultés, c'est plus complexe que de se laisser aller.

Chercher la lumière, même dans les épreuves, c'est une véritable luminescence intérieure.

Et puis, il faut rappeler que pour faire passer une lumière forte, il faut parfois écarter un peu le trou de l'aiguille. Cela ne se fait pas gratuitement.

Si, dans votre maison, les plombs électriques ont sauté. Littéralement. Si vos égouts ont débordé. Eh oui... c'est la vraie vie, cela peut arriver ! En même temps que votre téléphone s'éteint, votre imprimante plante, votre ordinateur pétouille, peut-être cela peut-il vous effrayer. En revanche, tentez de continuer de croire en la puissance de la lumière intérieure. Car tout ceci n'est que matériel et dans l'environnement.

Éventuellement, vous pourriez tourner en boucle des phrases positives en votre esprit, du genre :

« Vous ne m'aurez pas ! Que la lumière soit ! Na… ».

Si vous tombez malade, d'un bon gros virus qui passait, histoire de toucher un peu le physique, sans ultime gravité pour autant, peut-être est-ce pour vérifier votre tenue de route. Si, en plus, des gens vous agressent verbalement (toujours sans gravité, mais c'est tout de même ennuyeux), cela touche la relation humaine, en plus de votre vitalité et du matériel.

Nous avons le pouvoir de travailler un recul inaltérable sur ces sujets, toutefois je n'ai jamais écrit, nulle part, que c'était aisé !

Si l'on souhaite parler de la lumière comme d'une vérité, encore faut-il accepter de la laisser passer en plein cœur des complications de la vie. Car elle ne vous épargnera aucunement de la difficulté. Autant être prévenu.

Cependant, dans ces réglages de matériel, relations, environnement et soucis de maison, si nous observons bien, l'intégrité n'est jamais touchée, l'harmonie avec vos proches peut être conservée si vous le désirez, juste votre vitalité qui peut-être vacille un peu ou vos pensées qui s'essoufflent plus vite. Qu'importe !

S'il y a un message à faire passer à travers ces pages, c'est : « Qu'il en soit ainsi ! Je réitère mon envie ! Je la ferai passer quelles que soient les difficultés !… Na ! »

Vous ai-je parlé d'une certaine ténacité chez certains cerveaux de lumière ?

Un peu pitbull… ou courageux.

Les difficultés de la vie ne sont pas toujours le signe d'obscurcissement ni de salissures, faites bien la nuance, parfois elles nettoient, modifient, changent les structures, pointent une faille, et donc embellissent la vie, in fine. Après coup !

Avec du recul, nous le comprenons mieux. C'est juste avant l'embellissement que c'est difficile, pendant parfois aussi. Vous pouvez, avec une belle bienveillance, accompagner ce processus de mise en lumière.

Soyez courageux(se) et changez de référentiel : du point de vue des ondes ou des fréquences, cela donnerait quoi ? Mieux ou pire ?

D'un point de vue quantique, nous y verrions quoi ?

Si nous regardions de l'au-delà, cela serait-il plus lumineux, ou pas ?

Observez, demandez à des gens sensibles et ouverts de vous confirmer votre ressenti.

Est-ce une salissure à nettoyer, une attaque énergétique ou simplement un réglage à opérer pour passer au saut quantique suivant ? Car vous savez, il faut oser se délester de nombreuses vieilles habitudes pour faire le cran suivant dans notre évolution.

Les « pétouillages » de choses matérielles qui arrivent simplement en bout de course sont normaux. En général ils arrivent en même temps, nous devons nous y habituer voire les dépasser au fil de la vie. Votre four, lave-vaisselle, lave-linge et sèche-linge ont sauté ? Le poêle aussi ? En panne au même instant ? Pourquoi pas... c'est juste, je dois avouer, surprenant. Comme si chaque faille logistique avait besoin de s'évertuer à se mettre en lumière pour vous sécuriser, qui sait. Peut-être devez-vous réitérer votre foi en autre chose que le matériel. Ou approfondir la place qu'il a dans votre quotidien. À savoir s'il est prioritaire ou non. Et comment vous allez le vivre désormais.

J'ai souvent abordé ce thème avec les patients, afin de les accompagner à sourire avec un recul inaltérable sur tout ce qui ne touche pas l'intégrité physique ou psychique. Rien de grave en cela. C'est une manière de mieux philosopher.

Personne ne souffre dans des tranchées ce faisant. Il n'y a pas de conséquences sur autrui autres que des clarifications et justement des mises en lumière des fonctionnements.

Les plaintes sont des balivernes de gens nantis. Si nous n'avions que deux slips, un bol et un duvet, nous n'aurions pas de panne à gérer et bien moins à faire.

Souriez ! La lumière va vous éclairer sur vos limites de conceptions de la vie.

Plouf, dommage…
Tant mieux
Vous ne m'aurez pas ! Na !

Être

Sois !
Où ça ?
Là.

Justement... là !

Abordons maintenant l'être dans son entier, ou « l'état d'être », si vous préférez. De la manière d'être lumineux dans l'intégralité de nos pensées, gestes, actes, émotions, gestuelles, etc.

Les individus en « état d'être » ne se coupent pas d'eux-mêmes, ils sont les plus entiers possible, intègres, sincères, à 100 % si vous voulez chiffrer.

C'est ce qui les rend si touchants (et aussi si pénibles lorsque les gens ne tolèrent pas la lumière). Même dans des conditions extrêmes, même en cas de menaces de mort ou d'autres situations incroyablement tentantes, qu'elles soient positives ou négatives d'ailleurs, on les voit soutenir le regard, rester intègres à leurs valeurs, chercher des sorties humoristiques tout en gardant leur idée de fond, mais ils ne diront pas l'inverse de ce à quoi ils croient, s'ils estiment que c'est La Juste Ligne Droite qui leur convient. Ils savent dire « non ». Et affirmer leur « oui ». De nombreux films pourront le confirmer dans l'histoire, certains héros l'ont payé de leur vie.

Ces êtres « sont ».

Non morcelés, non clivés, non psychiatriques au point de mentir, bafouer ou arranger. Rien n'est dilué, c'est du brut et donc parfois difficile à avaler pour les générations précédentes ou tous ceux qui préfèrent le « one man show des protocoles ancestraux » à la vérité.

Être, c'est pouvoir sentir, affirmer, avouer, assumer et savourer plus de lumière, mais c'est aussi supporter de nombreux conflits ineffables, depuis des temps immuables et sans doute depuis le chaos puisque la lutte contre la lumière a toujours existé. Enfin… dans la conception humaine de la réalité.

> Sans doute pourrons-nous rêver d'une Terre d'harmonie sans guerre pour plus tard, cependant en cette période actuelle, l'humanité n'est pas encore fondamentalement prête à uniquement refléter de la lumière, donc ceux qui tentent de le faire se heurtent à ceux qui ne sont pas encore prêts. Je ne saurai si dans l'équation finale l'un prend le dessus sur l'autre. J'aime l'espoir.

La difficulté de l'individu qui tente d'ÊTRE, c'est qu'il doit assumer ses fonctions de mise en lumière face à tous ceux qui ne les vivent pas. Un recul inaltérable doit donc lui incomber. Difficile. Courage. Vous pouvez y arriver.

Être sur Terre en cette période, c'est :

- croire en cette magnificence sans pouvoir la déguster ;
- allumer tels des réverbères des allées de bon sens sans pouvoir en assumer pleinement les conséquences, car trop de situations dérapent sans pouvoir être rattrapées ;
- se réjouir, parfois un peu plus loin que les autres humains, mais souvent très seul ;
- aimer fortement la nature sans trop pouvoir la protéger ;
- avoir envie de communiquer sereinement, sans avoir d'interlocuteurs en face pour y parvenir avec suffisamment d'écoute ;
- tenter de réaliser ce pour quoi nous sommes nés sans trop savoir comment.

Pour les missionnés de la lumière, c'est tenter d'allumer quotidiennement une lueur de bonté et d'infinie tendresse sur un champ relativement miné et trop occupé pour les remercier.

Ajoutons un peu de doute en tout cela. Car je vous assure que de nombreux jeunes qui consultent sont totalement perdus. Ils se cherchent, ils aspirent à suivre des réverbères, mais n'en trouvent pas, ils tombent sur des gens blessants et du coup souhaitent ne plus rien allumer, puisqu'ils se sont sentis bannis du jardin d'Éden qu'ils s'étaient construit.

C'est pourtant une belle trajectoire de rechercher le chemin sacré dans nos destinées…

Le souci reste dans ces méandres de possibilités qui créent des ersatz ou des alias de vitalité qui n'en sont pas, de faux allumages de choses qui sont vides de sens. Là est toute notre difficulté actuelle : comment trier ?

Les cerveaux de lumière sont là pour vous donner des jalons au bord du chemin de la vie. C'est pourquoi ils sont souvent très fatigués.

Mais comment, diantre ! vivent ces gens qui sont ouverts ou qui tentent de le rester ?

Ils s'éloignent quelque peu de l'humanité ou des grands centres de non-vitalité pour trouver un havre de paix qu'ils cultivent, chaque jour avec patience et amour, luttant contre vents et marées, contre ceux qui veulent à tout prix éteindre leur espace de vérité.

Ce qui les différencie des autres ? Une forte personnalité prête à affirmer haut et fort qu'ils ne souhaitent plus participer au grand gâchis qui nous relie.

Ils cherchent des solutions pour rejoindre des stades capitaux, à savoir :

- **Se relier**. Ils tentent de se connecter à d'autres sphères, à d'autres champs d'existence, d'autres consciences et ils leur demandent souvent d'agir. Se sentir seul reste l'apanage de l'humain narcissique coupé de ses sources véritables, les cerveaux de lumière sont plus humbles et demandent souvent de l'aide autour d'eux.

- **Positiver**. Comment font-ils pour positiver ? En travaillant leurs pensées par la force de la volonté et l'extension de leur personnalité, ils utilisent toute leur puissance mentale disponible pour s'autoallumer.

- **Agir**. Il n'est pas correct d'avoir à disposition une multitude d'outils et ne point les utiliser, donc ces êtres éveillés tentent d'optimiser leurs ustensiles intérieurs, leurs outils développés, ils travaillent même à les mettre en exergue de manière réflexe.

- **Admirer la beauté** en toute chose. Voir le beau, rechercher le beau est très important.

Il faut d'abord être, se mettre dans l'axe, dans l'alignement des choses, de soi et du fond, pour ensuite se brancher aux bonnes antennes, pour enfin agir (ce que de nombreux humains oublient de faire), en conscience.

Pour ces personnes qui souhaitent la lumière, le principal axe qui conduit leurs actes est leur conscience étendue. J'aime beaucoup cette expression « en mon âme et conscience », la langue française a eu le chic de nous donner un joli mode d'emploi en disant cela.

La conscience, c'est ce qui restera post mortem pour ceux qui y croient, c'est la parcelle intérieure qui ne reçoit d'ordre d'aucun autre que soi !

C'est justement cette strate de nos personnalités qui ne plie pas en cas d'intimidation ou de mise sous influence, si lumière il y a au fond de soi. En cas de maltraitance, elle ploie, mais ne rompt pas. L'individu reste lui-même. Il Est.

Le fond de nos êtres sait ce qui est bon ou pas, notre conscience sait si ce qu'elle dit, fait ou pense semble en accord avec les bons principes qui la relient à la meilleure partie d'elle… ou pas.

Avec la lumière en métaphore, il n'est pas difficile d'imaginer que certains de nos actes n'ont pas allumé les voisins, les cousins, les amis ou les relations que nous avons croisés. Je ne parle pas de les avoir allumés de joie en les voyant, je parle de les avoir « blessés » en imposant notre conscience, justement. Parfois, il faut dire la vérité, même si c'est blessant, parfois il a fallu couper les ponts pour conserver la lumière en soi, parfois il a fallu faire opposition pour comprendre avant d'être certain que c'était fait en bonne et due forme. Les lois, en cet instant, aident, si elles sont bien menées.

« Être soi », c'est dire ce que l'on pense. Avec honnêteté. Et puissance. En cherchant la meilleure voie. Demandez-vous simplement si vous êtes vraiment 100 % vous-même avec votre conjoint(e), durant votre enfance, avec vos parents, maintenant, avec vos amis, collègues, voisins, etc. Chiffrez, vous verrez, c'est intéressant de se rendre compte.

Le stade suivant, « l'état d'être », est un cran au-dessus. Être, c'est illuminer le chemin et rester stable. Parfois en disant, parfois en se taisant, parfois en écrivant, avec la même lumière.

Être, c'est laisser passer la Juste Lumière. Ni plus ni moins.

Sans force ni barrière
Flottant
Juste.

Que faire ? Solutions d'allumage !

Comment ?
Lumière cosmique
Dans chaque pot de fleur !

Pour nous améliorer, comment devons-nous procéder ?

Quels outils pourrions-nous reprendre et utiliser ? Je suis passée par tellement de pistes différentes pour éclairer notre quotidien que nous nous perdons un peu.

Je reprends donc mon texte écrit précédemment, mais en mettant des pistes, toutes au même endroit, peut-être cela pourra-t-il plus aisément aider certaines personnes à mieux les considérer qu'en les lisant de manière diluée au fil d'un livre. Ou pas.

Utilisez ces lignes comme un simple rappel, ce chapitre récapitulatif peut rester au pied du lit, non loin, ou à ouvrir au pif de temps en temps. Mettez un post-it par ici ou pointez du doigt simplement… pour savoir quel éclairage pourrait être prégnant en l'instant.

Ou pas.

Sentez-vous libre. Toujours !

Éventuellement, sautez ce chapitre. Pour certains, il sera répétitif et inintéressant. Je le comprends.

Attention de ne pas vous sentir submergé(e) ou incompétent(e), car trop de questions pourraient faire office d'examen de conscience. Tel n'est pas mon but. Loin de là ! Mise à la conscience, oui, amélioration, oui, culpabilité, non. L'effet serait inverse, en épaississant les résidus de vos enfances sans vous en dégager plus de lumière, cela serait dommage.

Ces questionnements ont pour but de tous nous entraîner à nous poser les bonnes questions, mais rien ne dit qu'il faille les questionner toutes d'un coup !

Il faut parfois des années pour penser à la lumière... joliment. Calmement. Simplement.

Passons à travers les thèmes tranquillement. Un par un. Un pas derrière l'autre.

La base : d'abord ne jamais oublier de réfléchir aux trois premières dimensions, socle de la vie sur Terre dans un corps de chair, briques existentielles pour tous :

- Espace,
- Temps,
- Énergie.

Ces trois dimensions sont à repenser régulièrement. Vous pouvez les considérer en cherchant si vous êtes à LA Bonne Place, Lumineux intérieurement, donnant LA Juste Énergie, dans LE Bon Espace et avec un Tempo adapté à vos besoins.

Mais vous pouvez aussi regarder votre espace de vie, logement, pièce, bureau, environnement, en le scannant, en le remplissant. De lumière, pas d'objets ! Parfois, il faut d'ailleurs vider pour laisser filtrer plus de joliesse.

Puis observez votre tempo, vos urgences, votre rythme, votre manière de gérer le temps toute la journée durant.

Et votre quantum d'énergie disponible, sa qualité, sa fluidité, les choses qui vont l'augmenter et ce qui le fait mieux rayonner, etc. L'objectif étant de se sentir heureux et plus positif au fil du temps.

Pour nous y aider, nous avons parlé des **petits baromètres**.

- Pourquoi ne pas les imaginer à votre tour de cou ? D'abord les visualiser. En souriant, et vérifier régulièrement. Chaque soir ?

- Chiffrez ! En pourcentage ou comme une note, de 1 à 10, sur 20, sur 6, selon la référence de votre pays.

Voici quelques **baromètres en surplus**, que vous pouvez imaginer. Comme dans un petit sac à main ou une boîte à outils, à portée de votre esprit. Vous pouvez aussi en créer d'autres au gré de vos idées.

- Un baromètre pour le taux d'harmonie.

- La super forme ou frite du corps.

- Le taux vibratoire émotionnel partagé.

- Le taux mental positif/négatif réalisé.

- Un taux de gentillesse ?

- La quantité de sourires offerts dans la journée ?

- Ou la quantité de rides de l'aigreur affichée...

- Un chiffre (ou une image) pour ce qui est Beau, un autre pour ce qui est Bon, un pour ce qui est Bien. BBB, beau, bon, bien ! Un joli petit triptyque à regarder de temps en temps dans la journée !

Valeur ajoutée.

- Avez-vous été une valeur ajoutée pour vous-même aujourd'hui ?

- Puis, pour autrui ?

Warning :

- Avez-vous l'impression que des warnings sont allumés ces temps derniers ?

Accueillez-les avec bienveillance, ils vous informent simplement de votre chance d'avoir allumé un signal prêt à vous aider. Ils pointent des pistes à améliorer.

Beau dedans !

- Maintenant, en cet instant, vous sentez-vous « beau dedans » ?

- Allumé ?

- Chaque cellule de votre corps, chaque organe, participe au fait de refléter la lumière « dispendue » autour de vous, pensez-y.

Réflecteur de lumière

- Avez-vous l'impression de réfléchir suffisamment de lumière ?

- Acceptez-vous la lumière dans votre vie, si on vous la présente ?

- Vous êtes-vous missionné pour en refléter aujourd'hui ?

Cerveau « translecteur »

- Comme je l'ai expliqué, certains cerveaux « translecteurs » traduisent les informations cryptées dans la lumière, ils les modifient pour les rendre utiles, voire lisibles, dans un genre de traduction d'une dimension à une autre. Pensez-vous que votre subconscient, votre cerveau, puisse opérer ce genre de magie ?

- Tentez de vous demander : qu'est-ce que la lumière me dirait ici ?

- Un cerveau de lumière est épaté par tout ce qui est différent. Curieux, il adore visiter tout ce qui se présente devant lui, juste pour le plaisir de ressentir, refléter et traduire cette lumière exprimée différemment. Il accepte avec réjouissance que les autres translecteurs traduisent autrement, il s'en nourrit avec un bonheur reconnaissant. Cela vous ressemble-t-il ?

- Ces cerveaux redonnent sens à la vie, déversent de la lumière aux pieds des uns, dans le cœur de certains et au milieu de vos mains... Entraînez-vous !

Les réverbères

- Avez-vous croisé ces mois derniers un réverbère qui vous a allumé une nouvelle pensée ?

- Ou rencontré un individu qui a illuminé votre quotidien récemment ? Dans vos lectures, en conférence, dans une émission, cela convient aussi... pour ceux qui sortent peu.

Vos lectures

- Vos choix de lecture vous aident-ils à mieux vibrer, mieux respirer, plus refléter ?

- Vos lectures ont-elles parfois quelques déjections ?

- Vous apportent-elles des larmes ou des rires ?

La famille

- Vos proches vous donnent-ils l'envie de vivre, de sourire, de faire de votre journée une belle chose dont vous serez fier ce soir ? Chaque soir ?

- Ou à l'inverse, vous plombent-ils l'atmosphère au point d'avoir envie de les éviter ?

- De vous à eux, posez-leur la question : suis-je une lumière dans ton cœur et un réflecteur dans ta réalité ou parfois un peu détracteur de tes vérités ?

- Plombant(e) ou valeur ajoutée ?

Les relations

- Vos « relations ne se quantifiant pas à la quantité de matière partagée, mais à la quantité de lumière reflétée », donc à votre avis ? Autour de vous ? De vous à eux et vice-versa ?

- Chiffrez, même si c'est simplement symbolique, fantasmatique, imaginaire ou rêvé, qu'importe ! Pourcentage de lumière reflétée ? Avec le temps, vous prendrez l'habitude de regarder autrement les gens que vous accompagnez ou qui vous côtoient.

- Avez-vous l'impression de partager de la lumière dans un aller et retour de contraires, dans vos discussions, en cocréation ? Même si vous n'êtes pas d'accord, sentez-vous que l'aller et retour entre vos cerveaux est encore possible ?

- Ou parfois sentez-vous que l'un ou l'autre souhaite étouffer ou faire taire ?

- Acceptez-vous le libre arbitre pour tous, si quelqu'un ferme ses portes ? S'il refuse de vous entendre… a-t-il le droit ?

- Pensez à déposer de la lumière à ses pieds, en paillettes, en paquets, qu'il soit libre… un jour… de pouvoir l'utiliser… Ou non.

- N'oubliez pas que le passage de la lumière laisse toujours une trace.

- Chiffrez le temps que vous prend une relation, le temps qu'elle vous alloue aussi. L'espace qu'elle vous remplit et l'énergie qu'elle conditionne. Est-ce qu'elle vous en donne suffisamment, qu'elle partage en cocréation ou ne fait qu'en prendre, etc.

- Si une caméra magique vous permettait de « voir » le passage des énergies entre les individus, que pensez-vous visionner autour de vous ?

- N'oubliez pas que la lumière a ce don unique de combler les carences, les vides, les espaces inoccupés. Utilisez ce moyen pour vous autocombler, autovaloriser, autorassurer sans quémander auprès d'autrui ce que vous seul devez remplir avec autonomie.

Pores de lumière ou portes

- Vos pores de lumière (ou portes intérieures) sont-ils ouverts, à votre avis ? Imaginez-les comme les pores de la peau.

- Ou créent-ils de petits courts-circuits ?

- Des balles rebondissant à l'arrière-goût métallique ? Bang bang ?

Vos valeurs

- Chaque valeur a une trajectoire de lumière. Faites une liste de vos valeurs.

- Puis tentez d'imaginer son vecteur, sa trajectoire, le brin de lumière sur lequel vous aimez surfer.

- Ainsi vos valeurs prendront une forme plus puissante, un élan, une envie, une saveur, que sais-je encore. Selon vos propres outils, elles s'allumeront dans vos cinq sens.

La nature

- Allez vous promener : la nature est un bel outil reflétant un maximum de lumière.

- Partez à l'aventure vers les brins d'herbes, ils vous conduiront directement vers les brins de lumière !

- La nature est propice à toutes les transcendances.

Les gestes

- Un vrai geste est **sacré**, sans ego, il est régi par des **lois**.

- Il rayonne, accepte la **cocréation** des avis contraires, il est digne et laisse une **trace** véritable.

- Il y a dans les gestes une **lumière** inspirée, insufflée, traversée.

- Avec ce genre de gestuelle, les gens se sentent **aimés**, rassurés, confiants, respectés et illuminés en cas de difficultés.

- Les gestes avec nos proches sont des translecteurs de l'âme, tels des **soins**, des baumes pour l'être.

- Comment pouvons-nous imaginer faire de tels gestes qui éclairent les **cellules** et transmettent à toutes les autres dimensions une belle circulation de l'énergie de fond.

- Des gestes qui font une **connexion**, un lien magique, une illumination dans une mise en **reliance**.

- **Convecteurs** d'amour et d'alliance.

Je me rends compte qu'il est difficile de réduire les gestes à un simple exercice sur deux lignes. Pourquoi ? Parce qu'un geste comprend tout le reste : il conditionne toutes les dimensions, regroupe **l'amour, le corps, les gens, la famille, dans l'espace, le temps, avec l'énergie** et tous mes autres paragraphes, in fine. Peut-être ne nous rendons-nous pas compte de leur importance dans notre vie.

En tant que catalyseur de lumière, les gestes sont de vrais translecteurs des autres dimensions, des vecteurs, des amplificateurs de lueurs.

Le regard est un geste, la pensée aussi. Le geste est un convecteur d'énergie, un traducteur de sentiments, un potentialisateur de reliance, un outil pour remplir, nettoyer, embellir, bref, c'est un super outil. Inventez des exercices à son sujet.

Vos informations de vie

- Et si… la lumière détenait toutes les informations de votre vie ? Si nous parvenions à les lire un jour, si tout y était enregistré, et si les autres pouvaient les lire, que désireriez-vous changer ?

- Pourriez-vous y lire vos déjections ? Des salissures ? Ou essentiellement de la lumière ?

- Quel comportement changeriez-vous pour vous ? Pour vos proches ? Pour la nature ?

- Faites des choix. Commencez. Agissez différemment.

Le fameux Nouvel An

- Vos fêtes sont-elles une valeur ajoutée ? Ressortez-vous « transformé en mieux » ?

- Votre dernier Nouvel An fut-il l'occasion d'un léger gaspillage économique, énergétique, écologique ? Ou l'occasion de faire le point sur l'année écoulée ?

- Financièrement, avez-vous dépensé des sommes conséquentes pour acheter des choses délétères pour les corps et les cellules ?

- Votre fête fut-elle un extincteur de vos baromètres intérieurs ? Ou une source d'éveil et de candeur ?

Le sexe lumineux

- Avez-vous déjà vécu des actes barbares, abus sexuels, pulsion d'une autre personne imposée, non partagée ? Si la réponse est oui, en tant que victime, sachez que votre lumière intérieure peut se rallumer, même si parfois il faut de l'aide pour y parvenir. J'y crois sincèrement. L'origine même de nos véhicules-corps ne peut s'éteindre totalement, en dehors de la mort et du dernier souffle. Il y a toujours un feu à rallumer.

- Si vous avez abusé quelqu'un, ayez l'espoir qu'à force de travailler sur vous, vous pourriez non pas réparer directement, mais apprendre à offrir sur Terre plus de lumière que vous n'en avez volée. Et assumez !

- Imaginez et détaillez l'espace dans votre sexualité, les ustensiles utilisés, le temps que cela prend et dans quel sens va votre énergie ?

- De quelles couleurs cela rayonne-t-il ? Avec quelle clarté cela évolue-t-il, avec quelle douceur vos âmes sont-elles remplies et comment sont les traces de vos baromètres, l'atmosphère de la pièce, la texture de l'émotion, le taux de lumière utilisée ?

- Avez-vous l'impression de vivre une vraie rencontre ? Est-ce magique ? Inoubliable ?

- En interconnexion avec d'autres dimensions ?

Bricolage magique

- Lorsque vous bricolez, avez-vous l'envie de brasser les matières pour connecter les espaces ?

- Votre création est-elle reliée à vos valeurs et/ou votre philosophie ?

- La lumière est-elle aussi une matière pour vous ?

- Aimez-vous créer une interconnexion magico-phénoménique entre le psychisme et les matériaux ? En relation avec les différents univers qui confectionnent notre vie sur Terre ?

- Les termes « art catalytique » ou « art quantique » vous inspirent-ils ?

- Un objet peut-il avoir comme mission de « translire » de la lumière ?

- L'art catalytique étendant la conscience de l'infiniment petit à l'infiniment grand, tel un prisme ou un kaléidoscope, vous sentez-vous réflecteur ? Translecteur ? Animateur ? Créateur de génie ?

- Pendant la création, vos connexions neuronales vous rendent-elles heureux(se) ?

- Pensez-vous que vous retombez sur l'essentiel de la vie ?

- Que représente pour vous l'ultime simplicité ?

- Aimez-vous « mettre en lumière » le rien, l'insignifiant ?

- Semez la lumière tous les jours si possible dans les cœurs et dans les mœurs ! Pensez-vous sincèrement que certains bricolages sont incroyablement rayonnants ?

- Cela vous réjouit-il de savourer ces lignes en repensant à certains objets ?

La spiritualité

- Et si... la spiritualité n'était en fait qu'un accès à cette lumière transmise ?

- Et si... les êtres spirituels (les vrais !) n'étaient, in fine, que des « cerveaux de lumière » plus habilités à recevoir des messages universels diffus dans l'atmosphère tout en essayant de les appliquer ?

- La spiritualité, c'est l'essai avant la mise en lumière, le sport intensif avant la réussite. Donc hop hop hop ! Tout le monde peut se lancer !

- Les personnes religieuses défient l'espace, l'énergie et le temps pour allumer les cœurs, s'entraînent, toute leur vie durant, pour parfois, un jour, ressentir une sincère illumination. Le plus difficile étant de la maintenir, évidemment ! Et vous ?

- Ainsi, les prières auraient pour but de bousculer les schémas intérieurs négatifs pour illuminer les comportements, les espaces, les lieux, les maisons, les individus et les actions. N'est-ce pas tentant d'imaginer que nous ayons tous ce pouvoir d'illuminer un objet ou une situation de la lumière ? Prions.

- La lumière EST. Reliant l'individu à la juste place ou tout simplement à son axe. Ajoutez-y quelques paillettes et le tour sera joué.

- La magie a toujours fait partie de la spiritualité.

- Attention, prier ne nous déleste aucunement de notre devoir de responsabilité, de mise en lumière, encore moins de notre travail sur nous pour y parvenir de mieux en mieux.

- Certaines personnes d'exception sont aptes à aider la Terre par de simples vibrations. Tentez.

- Mettez le mot « lumière » à la place de Dieu, peut-être cela sera plus aisé.

L'amour

- L'amour peut être sur un brin de printemps, une fleur épanouie, un rayon de soleil sur la bruyère ou encore nos montages, la mer, des humains, des formes, des ondes, des choses, la Terre, le système planétaire ou plus vaste encore, bref énormément de « trucs » sans que nous parlions nécessairement de la relation amoureuse entre deux conjoints. Étendez vos pensées. Faites une liste de ce que vous aimez.

- Cela peut vouloir dire être en lien avec le règne minéral, végétal, animal ou humain, avec le plan planétaire, galactique, cosmologique, etc.

- Avez-vous installé une connivence avec certains êtres ?

- Une douceur de contact ?

- Une attention remarquée réciproque ?

- Avec vos cinq sens ?

- Et si… nous pouvions aussi remplacer le mot « amour » par celui de « lumière » ?

Manger de la lumière

- La gratitude ne fait plus très souvent partie de nos éducations, ou du moins pas suffisamment pour les aliments. Remercions quotidiennement.

- Mangez-vous des biophotons ? Certains parlent d'alimentation biogénique lumineuse. Pensons simplement à la lumière qui existe dans la nutrition.

- Nous pourrions aussi imaginer que des trains de lumière surfent sur les rayons du soleil et cheminent jusqu'à toucher nos fruits et légumes. Ou résonance vibratoire lumineuse, si vous préférez.

- Êtes-vous un cuisinier lumineux et heureux ou plutôt surtendu et nerveux ?

- Gardez in fine à l'esprit que manger de la lumière est possible, à travers tous les aliments naturels qui ont été traversés par l'onde solaire.

Nos corps : santé !

- Vous pouvez demander mentalement à vos cellules d'être vibrantes, que la lumière nettoie et use tout résidu délétère.

- Imaginez des boules de lumière qui sont au centre de vous. Qui s'étendent au point de remplir chaque recoin de votre corps.

- Dites-vous que l'énergie blanche nettoie et relie au plus profond de soi.

- Il faut aimer ses propres cellules pour apprécier les voir se transformer en mieux.

Nos maisons en harmonie

- Votre home est-il une plateforme de vie ? Un genre de plateforme où les gens vont et viennent pour s'y régénérer ? Un passage dessus et hop, chacun repart plus en sens de la vie ?

- Toute atmosphère a une longueur d'onde, une fréquence, un chiffre donné, qui bouge et varie. À nous de le faire monter. Nous devons y travailler en le conscientisant. Remplissez votre maison de lumière.

- Si un mini-baromètre pouvait régulièrement nous accueillir en nous disant : « Bonjour, votre atmosphère est régénérante » ou « Attention, votre atmosphère n'est pas optimum », nous mettrions plus d'énergie à optimiser nos maisons. Visualisez-le au moins mentalement. Qui sait… cela changera peut-être votre manière de ranger, aérer, nettoyer, organiser votre espace de vie.

- Savez-vous si votre maison a eu en son sein des produits toxiques, peintures dangereuses, pesticides et autres menaces pour votre corps et votre espace ?

- Vivez-vous du stress, de courses après la montre, de manque de temps, des hurlées ou d'autres masses émotionnelles ? Scannez chez vous.

- Et si... chaque pensée pendant que nous faisons notre ménage et chaque geste de notre quotidien avaient une charge émotionnelle et une charge électrique ou énergétique qui tracent les objets, les espaces, pensez-vous que cela serait très vibrant chez vous ?

Coup de gueule !

- Le coup de gueule de la lumière d'amour est un peu comme un élan pour « nettoyer » une situation, une énergie ou un enchaînement face à trop d'obstructions ou de déjections. Votre dernier coup de gueule a-t-il transgressé les lois de l'espace, du temps ou de l'énergie ou d'autre chose ?

- Je ne parle pas de la colère des « rageux » qui veulent toujours plus, toujours pour eux, même en salissant autrui. Je parle de ceux qui luttent POUR la lumière, seraient prêts à mourir pour la lumière ou ceux qui se sont missionnés pour laisser le plus possible passer la lumière.

- Envoyez de la lumière, à ces coupeurs d'énergie... ces extincteurs de joliesses et ces mécontents de la Vie.

- Hurlez « non » s'il le faut ! Mais faites-le lumineusement ! Est-ce un genre de « Non, je ne suis pas d'accord ! Je veux vivre et permettre à la lumière de décupler ! Je suis missionné, j'assumerai ! »

- Se retirer avec élégance et dans la loi fait partie de l'apprentissage de la vie.

- Rester sur les champs de bataille aussi, la tête haute et le cœur en avant, la lumière pointant.

Coup de recadrage !

- Sans l'énervement... les « cerveaux de lumière » recadrent tout de même ce qui ne résonne pas correctement dans leurs cellules ou leurs antennes.

- Recadrer, c'est ramener ces gens à la réalité, sur leur chemin, sans les égarer.

- Derrière chaque mot prononcé il y a un sens, une circulation, une énergie ou un quantum de lumière.

- Et si... derrière les recadrages nécessaires, les cerveaux de lumière voyaient simplement la circulation de l'énergie erronée ? Revisitez vos situations pour estimer le bienfondé de vos réactions.

Utilisation des lois au service de la lumière

- Utilisez les lois pour mettre en lumière un non-respect de quelque chose ou éviter que l'intégrité de quiconque soit touchée.

- Point d'esbroufe inutile, simplement une action saine en un instant donné, car impact il y a eu sur un espace, un quartier, une personne ou une énergie.

- Ensuite, il faut aussi savoir se retirer avec élégance et justesse lorsque les lois ne soutiennent plus ou semblent insuffler l'inverse. Bien se renseigner et aviser du retrait en toute circonstance, si cela devient cohérent.

Être

- Vous sentez-vous entier ? Entière ? Intègre, non morcelé(e), non clivé(e) ?

- Avez-vous l'impression de tenter d'allumer quotidiennement une lueur de bonté et une infinie tendresse sur un champ relativement miné et trop occupé pour vous remercier ?

- Positivez.

- Tentez de vous relier à d'autres sphères, à d'autres champs d'existence, à d'autres consciences. Demandez souvent de l'aide autour de vous.

- Admirez la beauté en toute chose. Voir le beau, rechercher le beau est très important.

- La conscience, c'est ce qui restera post mortem pour ceux qui y croient, c'est la parcelle intérieure qui ne reçoit d'ordre d'aucun autre que soi !

- Agir, c'est tenter d'optimiser vos propres outils. Être, c'est laisser passer la juste Lumière.

Conclusion

Envol
Remis entre de bonnes mains
Que la lumière soit.

Nous avons terminé un voyage, une trajectoire à partager, un ensemble à allumer. À défaut de vous avoir illuminé(e), j'espère avoir au moins « câliné » vos neurones. Ou fait sourire. L'éveil à la lumière peut prendre de multiples chemins, ou des décennies.

Ne cherchez pas trop loin, il suffit de slalomer. Nous pourrions pendre de nombreuses autres dimensions et les éclairer sans fin. Sauf que vous avez compris le processus, donc vous êtes prêts à vous allumer hautement, autrement, merveilleusement. Et différemment.

Peut-être dois-je encore vous avouer, par honnêteté, qu'un autre baromètre existe. Un très gros baromètre, sans doute le plus immense, de toute notre vie :

Il se voit, selon notre degré de ressenti, on peut le chiffrer, l'imaginer : je veux parler du baromètre qui afficherait... quelque part... notre pourcentage... d'APPLICATION !

De trop nombreuses personnes savent, connaissent, imaginent, ont très bien compris, elles peuvent même en faire la leçon à autrui, mais elles APPLIQUENT insuffisamment au quotidien. Voyez-vous ce que je veux dire ? Je plaisante, naturellement.

À votre avis, qu'ai-je fait pour mon Nouvel An ?

J'ai commencé à écrire ce livre…

… pour le finir les jours suivants, après environ 30 heures d'un travail réjouissant. Cela ne m'a pas pris trop de temps, pour un maximum de lumière dégagée, avec un grand bonheur, de nombreux sourires et de belles promenades pour mettre mon cerveau en balade. Certes… comme j'ai l'immense chance d'habiter en Valais (région montagneuse de Suisse pour ceux qui ne l'ont encore jamais visitée), l'espace y est grandiose, donc l'écriture sans doute facilitée !

> Et si…
>
> Espace vibrant + temps optimisé + énergie positive = lumière plus vite et plus fortement dégagée ? Et baromètres contents !

Étant nulle en sciences, je ne suis pas certaine que cela puisse se dire ainsi. Mais le Valais + psy + écrivaine + réjouissance = inspiration et écriture automatique parvenant à mes neurones dans un genre de suites d'onomatopées, un peu comme une machine à pop-corn : pop pop pop pop et hop hop hop, voyez-vous ? Traduites ensuite en métaphores, lignes, mots, haïkus, mon cerveau doit être un genre de congélateur qui a thésaurisé des codes pendant des années, puis il les transforme en infos. Ces codes entrent dans un état donné, ils en ressortent quelque peu modifiés, traduits, « translus ». J'espère ne pas les avoir trop altérés.

> Si le lecteur lit et le réflecteur réfléchit, le « translecteur » agit. Il modifie l'atmosphère pour un monde psychique transformé, dans un espace allumé ou différemment énergétisé. Les informations arrivent en mode crypté et en ressortent traduites et libérées des codes, dans un éclairage adapté à l'instant T. Observez bien les nouvelles générations, acceptons leur mission.

Comment ai-je fait pour écrire aussi vite ? Ce n'est pas une performance, j'ai simplement surfé sur un brin de lumière que je n'ai pas lâché. J'imagine que les surfeurs professionnels font de même, ils « voient » une ligne qu'ils ne lâchent pas, ils surfent dans le flot, ils se laissent aller à jouer avec le flux. Ce doit être la raison pour laquelle la trajectoire de leur descente semble si incroyable. Pour eux, ce n'est pas une performance, ils ont juste « surfé » sur ce qu'ils croyaient ou voyaient comme étant cohérent. Étant nulle en ski, je me limite à mon sport préféré ! À savoir l'écriture automatique en harmonie avec mes théories.

Merci à tous les humains que j'ai croisés. Ils m'ont appris des parcelles de vérité. Même ceux qui m'ont agressée ou ceux qui ont pensé que je les agressais. Car, in fine, ils ont fini par peaufiner ce que je devais « allumer » au fond de ma personnalité. J'ai élaboré un genre de logique d'ampoule ! Une théorie qui dit que : la lumière nous éclaire.

Régulièrement, j'essaie de faire mes « révisions », je me répète des choses comme ceci :

Lorsque nous jugeons quelqu'un, nous jugeons la lumière (qui serait censée être tout au fond de lui…), donc nous baissons notre propre lumière. Bim bam : nous sommes moins luciole pour nous-même !

Facile à dire… car passer une journée sans critiquer, une année sans critiquer… difficile tâche à mettre en place. Cela pourrait devenir un nouveau tic linguistique, bien entraîné ! Je ris. Nous en reparlerons dans un prochain livre… ou post mortem !

Si nous critiquons notre propre corps, nous critiquons notre véhicule de lumière. Nous perdons notre aptitude à lucioliser les espaces et le temps. C'est beau, dit comme cela. Peut-être à force de le répéter… nous pourrions tous y arriver.

Au lieu de me dire « J'aime-j'aime-pas », je devrais me dire : « Cela m'éclaire » ou « Cela m'insupporte, me fait peur, me fait perdre ma lumière, etc. » Par contre, sentez-vous libres de dire « non », libres de refuser de partager la lumière de quiconque !

Quand on éteint la lumière de quelqu'un en le traumatisant, on doit certainement perdre sa propre lumière, non ? Ou le chemin le plus court vers Soi, tout bonnement.

Quand on salit la Terre, on baisse aussi la lumière de la planète. Donc la lumière du système complet. J'aime bien les extensions et les effets papillon. Donc cela impacterait les galaxies jusqu'aux confins ? Et à la fois la lumière EST, sa quantité ne doit pas tellement se modifier. Bref, mon cerveau limité retrouve son excellente aptitude à ne rien comprendre. Et à la fois, j'accepte…

Pourtant, cela me titille, car… si vraiment un être était connecté à sa lumière intérieure, il ne la perdrait jamais, même face à l'écologie, aux maladies ou aux critiques des gens.

Finalement, vous voyez bien que mes révisions m'emportent à continuer à… progresser ! Continuellement.

Un jour, si j'en ai l'impulsion, je vous écrirai des choses sur les hyper-temps, les inter-espaces et les hypra-lumières… Retenez simplement que la matière organique cellulaire est une archaïque représentation de la lumière et que le corps est sans doute fait de matériaux en lien avec les hyper-temps. Mais il faudra le vérifier ultérieurement.

À bientôt, donc ! Par-delà, en deçà, en-dedans ou en direct, bien au-delà de l'infini.

Pour finir en douceur, je vous livre ces derniers mots qui tentent de mettre en lumière délicieusement les « frouts » humains dans l'inTerrelation. Laissez-vous délicatement dériver sur un dernier brin de lumière éclairé :

La bonté est un don d'espace, de temps et d'énergie, conduisant à l'éclairage de l'être intérieur.

La gentillesse envers autrui ? C'est l'art d'offrir le goût du bonheur.

La gentillesse envers soi, c'est s'offrir la possibilité de déguster ce bonheur avec les cinq sens.

La gentillesse envers les âmes serait de les amener sur le bon chemin.

Le bonheur de l'âme serait de réaliser ce pour quoi elle est née.

L'art du bonheur se déguste avec simplicité, c'est une ligne droite sans encombre d'ego ni d'orgueil.

L'amitié vraie est un soutien entre les âmes.

L'amour ? C'est une chose inouïe qui réunit toutes ces valeurs en même temps.

La douceur, c'est de l'amour en petites impulsions…

Vous voyez, lorsque j'écris cela, je ressens une mise en lumière. Sans doute n'est-ce pas directement les délicieuses petites impulsions décrites, mais tellement l'envie d'en créer que mon cerveau va y repenser… dans mes journées.

Vous rendez-vous compte, si toutes mes douceurs étaient de véritables petites impulsions d'amour ? C'est joli, non ?

Et si… l'amitié vraie était un véritable soutien entre les âmes ? Comme c'est charmant ! Je vous assure que je vois différemment mes amis depuis que j'ai écrit cela, j'ai scanné toutes les âmes qui m'ont réellement soutenue durant l'année précédente, par une ligne, un mot, une présence, une confirmation, une impression, merci à tous ! Que rêver de plus délicieux, avec paillettes, chœur des anges et cor des Alpes !

Souriez, vous êtes filmés…

Voulez-vous savoir ce qui compte le plus pour moi ? Être une actionnaire de la lumière ! Rêver qu'il existe des « comptes bancaires quantiques » dans un au-delà meilleur. Car par-delà ma vie, mes ondes ou mes cellules, au-delà de mes propres enfants, ce qui compte véritablement, c'est ce que j'ai (ou vais) réussir à allumer quantiquement. Que ma vie soit, en résumé, un genre de frout géant qui dit « pop pop pop pop » et « hop hop hop » en souriant !

Avec paillettes cosmiques, naturellement !

Annexe : essai de 1998

Il était une fois…

Plus de deux décennies auparavant, j'écrivais ce vieux tapuscrit, en 1998. Tapé comme toujours, sans trop réfléchir, d'un trait. Je ne sais pas trop qu'en faire depuis… prenez-le comme une annexe que vous n'êtes pas obligé de lire. J'ai trouvé sympathique et drôle de le voir resurgir, si longtemps après. Le fond reste le même, bien que crypté différemment.

Peut-être pourra-t-il parler à certains lecteurs encore mieux que les pages précédentes. Avec les années, j'écris différemment. Je reste très consciente du fait que le mode de déroulement de mes pensées peut ne pas convenir à tous. Ces lignes seront soit parlantes, soit totalement obsolètes ou délirantes. Je tentais déjà à l'époque de surfer sur des brins de lumière encore inexplorés ou une manière de comprendre l'humain en psychologie différemment.

Ce premier chapitre était déjà un peu « déroulé », vous verrez, toutefois le chapitre suivant peut sembler dense, obtus et assez crypté. Je les ai laissés pour certains cerveaux en quête, mais sentez-vous libre de les zapper en toute tranquillité. Après tout, ils ne font que se répéter ;-)

Échelles de réalisation

Grandis et souris !
Comment ?
D'abord chiffrer, ensuite Être.

J'ai toujours cherché à comprendre la psychologie différemment. Un peu plus loin que le bout de mon nez ou ce que j'apprenais.

D'abord, j'ai observé l'humain, puis son fonctionnement dans sa cinétique et ses possibilités catalytiques, enfin l'individu avec sa dimension plus globale reliée à d'autres dimensions inexistantes conceptuellement, mais avide de sens en terme d'ergocosmogénie, comprenant d'autres espaces inter-différentiels.

Je me suis questionnée : comment se maintient l'équilibre de l'entièreté ?

Comment l'être humain, relié à son univers, peut-il être compris comme étant manifesté en tant qu'être divin sur la Terre de nos ancêtres, mais par-delà la recherche avide de la manifestation ? Bref, je me suis posé ce genre de questions universelles et basiques que tout le monde doit se poser...

J'avais écrit des notes sur des échelles de mesure. Le fameux : « et si... » nous pouvions chiffrer les mouvements d'un individu, son taux vibratoire, son niveau d'intégration ou d'évolution, son degré de partage ou de réalisation ? Nous serions sans doute plus motivés.

Depuis mes mini-baromètres métaphoriques, in fine, je n'ai guère progressé ! Sauf que je l'écrivais autrement à l'époque. De manière plus austère, structurée, je crois. Qu'il est bon de vieillir, cela allège du superflu. Ou dilue.

Ce que j'en déduis tout de même, c'est que je devais déjà surfer sur des brins de quelque chose. Je n'ai pas dit que j'avais un grain, j'ai dit que mon cerveau devait surfer sur des brins (de lumière ou du même genre d'information), car les décennies ont beau passer, je reviens inlassablement à la même quête : je passe mon temps à rechercher le meilleur moyen pour relancer ce qui semble psychologiquement coincé ! Et à la fois, je sais… c'est mon travail de psy.

Peut-être finalement me suis-je endormie durant tous ces années (le temps de faire des bébés et les faire pousser, cela occupe les neurones très pragmatiquement, surtout lorsqu'on souhaite le faire correctement). Car à peine sortie de l'université, si je reprends mes notes de 1998, je me questionnais déjà sur de potentielles « **échelles de réalisation** ». Thèmes non inspirés par l'université…

Je prenais un thème, et je le décortiquais, en me demandant si l'humain pourrait… un jour… éventuellement… imaginer, chiffrer… par exemple… **le mouvement**, dans une échelle fréquentielle de mouvement spécifique.

Se pourrait-il que, quelque part, il y ait une trace de chiffres représentant :

- un pourcentage de fréquence du mouvement
- un pourcentage de circulation énergétique dans le mouvement
- une moyenne de circulation maximum du mouvement (actuelle ou potentielle, ce qui change tout, vous le comprendrez !)
- une moyenne du mouvement activé réel en circulation
- une fréquence de mouvement ascensionnel
- une fréquence vibratoire d'essence
- une valeur ajoutée de tout mouvement ultérieur potentiel
- un brassage interne des forces du mouvement

- un pourcentage de perte dans le brassage
- les fréquences dynamiques
- les fréquences dans l'ascension
- les fréquences évolutives
- les dynamiques internes
- le degré d'investissement dans le mouvement
- le pourcentage d'activation énergétique, physique, émotionnelle, mentale, etc.

À cette heure-ci, je me demande si cela serait vraiment utile, à moins de relier ces chiffres à la **quantité d'effort** fournie et la bonne énergie dégagée.

Par l'effort, l'humain relance de fait le mouvement psychique, physique, cinétique ou quantique. Bref, énergétique.

En général, il est arrêté.

La souffrance est l'antithèse du mouvement ou d'une bonne énergie activée.

Le mouvement et l'énergie étant reliés, cela a toujours été une grande passion pour moi de les considérer. Et de les relancer en fluidité.

Bref… l'étudiante que j'étais devait un peu s'ennuyer ! Je voulais aborder le sujet de ces fiches lors d'un doctorat (via le coping et des échelles de mesure, avec des questionnaires à la clé : en psychologie tout est possible…), mais j'ai fait beaucoup mieux : mon premier enfant ! Cela valait naturellement tous les doctorats du monde, dont je me suis passée aisément.

Ce qui était peut-être plus intéressant à l'époque, c'était mes questionnements sur « **l'échelle de réalisation** » de chacun.

Un peu comme un cahier de tenue de route. Il me semblait que nous possédions au fond de notre inconscient, dans notre cœur, en nos cellules, gravés sur notre ADN ou dans l'adresse IP de notre âme, des degrés de capacité de rayonner la lumière, ainsi qu'une aptitude à lire les informations diffuses dans l'univers. Tous différemment naturellement. Mais nous devions avoir quelque part des aptitudes chiffrées de notre degré d'intégration privé, un peu comme un degré de conscience de notre propre évolution.

Pour ceux qui ont décroché, restez sur le chapitre 1 avec les mini-baromètres, cela suffira amplement.

Chacun possède en lui un genre de fiche technique indiquant le développement interne de son être. Comme un degré d'expression intérieure avec un pourcentage d'énergie investie pour ce faire.

Ce serait chouette si nous pouvions visualiser un **pourcentage d'énergie incarnée** (à la naissance, ensuite un chiffre « actuel » et un autre optimum « potentiel »). Nous pourrions ainsi situer notre propre réalisation sur une fourchette temporelle, entre notre arrivée et l'optimisation potentielle.

Il serait utile aussi de ressentir le **pourcentage de notre énergie investie au moment de la mort**, à savoir : est-ce que notre vie fut dynamique, juste, inférieure à notre potentiel optimisé ou que sais-je encore.

À la naissance, nous aurions sans doute du plaisir à connaître le **degré de connexion entre le bébé et son père, avec sa mère, avec lui-même aussi**. Car sentir une déconnexion pourrait nous éclairer afin de mettre en place des solutions. Après tout, tout cela n'est qu'énergie.

Durant la vie, nous pourrions aussi imager le nombre de structures cristallisées ou **l'influence des structures de chaque période de vie** :

- l'influence des structures d'arrivée à la naissance,

- celle du voyage de l'âme,
- l'influence de l'héritage génétique familial,
- ou encore l'influence des premiers échanges humains.

> Ensuite, comme des Lego, les structures des périodes suivantes de la vie devraient venir s'emboîter, puis se cristalliser, sur ce schéma de base, sur ce départ dans la vie.

La structure de jeunesse venant ensuite altérer ou améliorer la structure de base, la structure de l'âge adulte venant en rajouter, etc. jusqu'au moment du décès.

Si seulement il y avait un **pourcentage de l'influence pour la suite du cheminement des derniers instants de vie**… nous tenterions de mettre en place des outils différents au moment des décès.

L'expression énergétique interne de chacun dépendant de l'énergie lancée et des conditions physiques, nous pourrions mieux la maîtriser. Idem pour l'émotionnel, le mental, etc.

Tandis que le **degré de labilité interne entre chaque dimension** nous apporterait un éclairage pour acquérir plus de souplesse.

> Nous pourrions mieux **comprendre l'évolution** que certains nomment « spirituelle » mais qui pourrait être, in fine, simplement **structurelle et codifiée**.
>
> D'ailleurs, qui peut prétendre nous éclairer sur le fait que le degré d'évolution n'est pas quantifié quelque part au fond de nous ? Avec son pourcentage d'énergie investie ?
>
> Son pourcentage de rayonnement ou la possibilité de refléter la lumière dans nos vies ?

Ne nous arrêtons pas là.

Et si… nous pouvions chiffrer aussi notre **aptitude à rayonner** avec nos proches, dans notre maison, comme au niveau d'un quartier ? D'une région ? De la sphère planétaire ? Galactique ? Qui nous dit que d'autres galaxies ne reçoivent pas notre lumière et nous la leur ? Il doit exister des niveaux supra sensibles quelque part en nos chairs. J'adore ce concept. Supra, méta, méga… avec tout ce qui m'échappe avec.

Pour une plus grande compréhension, un **pourcentage de l'énergie activée pour la mission de vie** en ravigoterait certains qui se laissent trop souvent aller !

Je rêverais de voir un **pourcentage de justesse des comportements** dans un rapport à l'adéquation de l'individu avec sa réalisation. Si, si, je vous assure, cela m'arrangerait terriblement. Au lieu de juger !

Bon, délirons, mais si, à la naissance, nous recevions un certificat sur lequel était noté notre **degré de fonctionnalité** (actuel et potentiel comme pour chaque item) ?

Ou **notre degré d'action en rayonnement d'amour** ? Ce serait clarifiant pour tous, au lieu d'être plus ou moins perdu et non reconnu !

Moi, j'aimerais bien connaître mon pourcentage actuel d'énergie lancée en rayonnement d'amour. Après la claque initiale si le chiffre est mauvais et la prise de conscience utile à son amélioration, cela serait une manière de me situer dans un cadre qui m'indiquerait comment procéder pour la suite. Cela devrait convenir à toute personne qui a envie de savoir et qui semble prête à accepter ses failles ou le fait que nous ne sommes pas parfaits. Si nous sommes « en cours d'évolution… », nous avons tous le droit à l'amélioration ! Seuls ceux qui s'offrent le luxe d'une remise en question apprécieront ces lignes, naturellement. C'est un très beau cadeau.

Et mon **pourcentage d'empathie** (par rapport à un pourcentage ultime de l'empathie parfaite et constante… dans le meilleur des mondes, j'imagine…) ? Cela m'apporterait une base sur laquelle j'aimerais créer, changer, progresser. Ne sommes-nous pas tous porteurs d'améliorations potentielles ? J'aimerais garder cet espoir.

Je suis aussi consciente que ce pourcentage en désespérerait beaucoup, mais je préfère rester positive. Si nous avions tous accès à ces échelles de réalisation... depuis le départ de notre incarnation, nous aurions tout bonnement l'habitude de nous en sortir avec, émotionnellement et psychiquement. Nous aurions aussi des éducations en accord, qui s'y référeraient de manière naturelle sans jugement ni confrontation de comparaison. Du moins, je l'espère, car si l'élitisme ou l'ego en faisait partie, dictature il y aurait et mieux vaudrait détruire tous ces outils, en effet.

Donc si ces outils ont existé il y a quelques milliers d'années et qu'ils furent mal utilisés, je peux comprendre ses détracteurs en quête de paix.

Si d'aventure, de nos jours, d'un coup d'un seul, une telle échelle parvenait à nos oreilles avant que nous ayons eu le temps de nous éduquer pour savoir comment l'utiliser, cela serait certainement destructeur dans de nombreuses familles et propice aux pires méchancetés. Autant ne pas y penser. Je réfléchis simplement pour savoir ce qui, de manière innée, coexiste chez certains individus sensibles (notamment translecteurs spontanés) et comment utiliser ce ressenti positivement.

Pour suivre cette idée, nos **pourcentage de partage et pourcentage d'échange** pourraient aussi se codifier. Dans les deux sens... Dans notre aptitude à donner et à celle de recevoir. Nous pouvons au moins utiliser ces pistes pour tenter de chiffrer pour soi, calmement, humblement, donc sans le clamer.

Degré moyen de partage entre l'être et le monde extérieur

Pourcentage d'énergie lancée pour échanger

Pourcentage d'échange énergétique avec le monde externe :

Avec le monde minéral

Avec le monde végétal

Avec le monde animal

Avec le monde des objets

Avec le monde des sons

Avec le monde des couleurs

En dyade humaine

En groupes humains

Avec le monde planétaire

Avec plus, ailleurs, autrement…

Cela nous montrerait notre degré de connexion dans la relation entre deux individus,

notre degré « potentiel » d'évolution,

notre pourcentage « actuel » d'énergie lancée pour le lien

ou d'énergie à lancer pour une meilleure connexion.

Quand je pense que nos pauvres petits jeunes se croient « connectés » avec leur téléphone dans la main ! Tandis que la vraie connexion est sincèrement bien plus vaste que leurs cerveaux ne l'imaginent. Si nous avions de petites fiches qui nous indiquaient la réalité investie, ils seraient un peu plus épatés côté « connexion ». Ils seraient moins déconnectés de tout aussi.

Certains individus, vous avez dû en croiser, possèdent de vraies **capacités de réharmonisation** (physique, émotionnelle, mentale, etc.) et c'est beau. Parfois guérisseur, parfois pas. Ils ont une manière innée de nous appréhender selon un genre de représentation photographique de notre cœur ou de notre évolution.

Il est rare d'être reconnu dans notre potentiel de fond, dans notre aptitude à faire recirculer les énergies bloquées, voire dans notre mission de vie, mais lorsqu'un individu de la sorte croise notre route et peut nous confirmer un ressenti, cela fait toujours un bien fou.

Je m'interroge aujourd'hui en 2021 : est-ce que certains cerveaux translecteurs n'auraient pas intégré certaines de ces aptitudes de manière innée ? Ils se questionneraient là où d'autres ne le font pas. Indépendamment de leur aptitude intellectuelle, loin des hauts potentiels, ils ont plutôt un ressenti, un pressentiment, une impression ou une intuition. Et ils tentent de l'utiliser dès le plus jeune âge, sauf que rares sont les adultes qui les reconnaissent, les accueillent et entraînent cela…

Point de modes d'emploi pour eux ! C'est d'autant plus dur de vivre. De trouver du sens.

J'ai eu, je l'avoue, envie d'écrire ces pages pour eux, pour tous ces jeunes instruits directement et « beaux dedans ». Ils se sentent seuls. À nous de changer leur impression en apprenant de tout ce qu'ils nous racontent !

Par exemple, si la circulation énergétique est « coupée », l'espace défragmenté, les polymères en rade, leur outil va directement s'activer. Ils vont le dire maladroitement. Moi, étant donné que c'est mon travail de le mettre à la conscience et de le verbaliser, je l'ai mis en mots ici, en structures. Toutefois, je sais que certains individus mettent en route en ce moment leurs clair-ressenti, clairvoyance ou clairaudience au service des autres spontanément. C'est l'époque qui veut cela. La fréquence de la Terre augmente, les nouveaux enfants seront plus translecteurs qu'avant… Accompagnons le processus ensemble.

Pour tous les intuitifs, peut-être mon déroulement de lignes pourra-t-il clarifier ce que vous n'aviez pas compris ou conscientisé. Peut-être l'avez-vous vécu de manière innée, peut-être êtes-vous capables de ressentir, de l'extérieur à l'intérieur… ou à l'inverse de l'intérieur à l'extérieur, qu'il existe des influences.

Peut-être êtes-vous capables de chiffrer ou du moins de ressentir chez autrui ces données :

Pourcentage de l'influence externe

Pourcentage de l'influence du cadre sur l'être

Pourcentages d'influence externe des différentes dimensions sur l'être :

- Influence physique
- Influence émotionnelle
- Influence mentale

Pourcentages d'influence du monde extérieur :

- Pourcentage de l'influence relationnelle générale
- Pourcentage de l'influence du cadre familial
- Pourcentage de l'influence éducative
- Pourcentage de l'influence du milieu social
- Pourcentage de l'influence du mariage
- Pourcentage de l'influence du milieu professionnel

Pourcentage d'influence énergétique du monde externe :

- Du monde minéral
- Du monde végétal
- Du monde animal
- Du monde des objets
- Du monde des sons
- Du monde des couleurs
- En dyade humaine
- En groupes humains
- Du monde planétaire
- Du monde galactique

Ou peut-être avez-vous des capacités de réception inouïes autour des portes d'entrée énergétiques intérieures (physique, émotionnelle, mentale ou spirituelle, principale, secondaire ou réelle) :

Degré de réception d'énergie générale :

- Pourcentage actuel d'énergie lancée pour la réception
- Pourcentage d'énergie à lancer pour la réception
- Positivisme de cette réception
- Pourcentages de réception des différentes dimensions sur l'être
- Pourcentage de réception relationnelle générale

Etc. vous l'aurez compris, faites vos listes, tout est permis ! Tant que vous l'utilisez avec bienveillance et au service de plus de lumière.

Les êtres extrêmement sensibles et doués de ces aptitudes peuvent, pour une action ciblée, rapatrier plus de pourcentage en temps voulu et en espace donné, en vue d'un but précis conscientisé.

Je tenais juste à vous le rappeler.

Prêts ?
À vos cerveaux…
Dansez !

La quantique de l'humain ou la Psycatalyse de demain

Ancien mais point obsolète
Rien ne change tout nous transforme
Heureusement !

Ici, vous trouverez d'autres notes de 1998, en vue d'un second tome de ma *Psycatalyse* (une tentative de redéfinition de la psychothérapie, dans une nouvelle approche, aux éditions NK). Je radote car déjà, à l'époque, j'avais les briques essentielles de ce regard sur l'espace, l'énergie et le temps. Je les ai tournées autrement, j'espère sans trop transgresser de lois. Que les scientifiques veuillent bien m'excuser pour mes inepties, je ne faisais que surfer sur un brin, différemment déroulé. Il y a sans doute un concept à développer. Que les jeunes générations se sentent libres de surfer à leur tour sur des lumières mieux intégrées.

J'y écrivais à l'époque (mais prenez cela comme une base sur laquelle il va falloir « dérouler » de nombreux haïkus…) :

L'univers et nous-même ne formons qu'Un dans la mesure où nous venons du même Big Bang, des mêmes briques originelles, d'un même grand ensemble. Tout est relié. Espace, énergie et temps.

Je cherche le moyen de pourfendre le terrain d'un nouveau sillon, porteur d'une donnée de la vie :

J'aimerais aborder *la quantique de l'humain*. Nous pourrions résumer cette nouvelle quantique comme un moyen de donner sens à la vie.

Tel un nouvel axe entre l'avant et l'après, reliant l'axe du temps à celui de la masse, intégrant des dimensions scientifiques… laissant la place à d'autres données, encore non abordées. Visons large !

Les mystères de l'appareil psychique me semblent magiques, dans le cadre de mon cabinet comme dans mon quotidien, j'essaie ici simplement de mettre des mots sur cette magie. Mais la magie de l'inconscient ne m'a jamais suffi, les affirmations des théories psychologiques existantes non plus, il me fallait plus. La neuroanatomie m'a déjà ouvert une voie, mais il me fallait encore plus.

Au fur et à mesure que la vie coulait en moi, que les pensées, les onomatopées et les informations cryptées s'amoncelaient, je devenais de plus en plus certaine qu'une autre dimension préexistait, encore inexprimée en psychologie, quelque chose de difficilement nommable ou d'indéfinissable. C'est avant tout la raison pour laquelle j'ai cherché un mot encore inusité pour définir ce qui ne fut pas encore scientifiquement intégré, dans le domaine de l'humain, à savoir :

La Psycatalyse. Terme intuitif à la base, plus que fondamentalement réfléchi, il correspondait, après coup, suffisamment à une approche différente de la psychologie. Du moins, il me permettrait de l'aborder *autrement*, en me basant sur les lois que la nature nous offrait : espace, temps, énergie.

La Psycatalyse pourrait-elle être une science ? Si l'esprit scientifique est constructiviste, si le réel n'est jamais un pur donné, mais le produit d'une pensée ; alors historiquement la pensée scientifique a vécu une continuelle évolution. Qui sait, quelle sera la progression de la future psychologie ? Qui vivra verra ! Pour l'instant, je me cantonne à la métaphore, phare suffisant à la nutrition de mes neurones.

191

> La science n'étant pas une somme de certitudes limitées, elle devenait donc progressivement en mon esprit une porte gigantesque d'une meilleure compréhension possible du monde, de l'univers et donc de l'humain.

Dans un pont magique entre la théorie et l'individu, la psychologie allait pouvoir créer des liens entre la mécanique quantique et le psychisme, mettant la lumière différemment dans l'inconscient. D'autres l'ont tenté depuis. Merci.

Je n'ai jamais été très portée à surfer sur les sciences comme certains le font de façon innée, avec un cerveau adapté. Je me suis même demandé si je n'étais pas dyscalculique avec les années ! Certaine de mon ignorance, j'ai essayé de lire certains ouvrages : Einstein, Newton, Galilée, Maxwell, Faraday, Hertz, Lorentz. De la relativité générale à la théorie du champ unitaire, les scientifiques en étaient arrivés à la mécanique des quanta.

Il en a fallu du temps, pour que les humains comprennent que la loi de la propagation de la lumière nous apprenait que l'espace et le temps étaient inséparables. Du temps aussi pour que Niels, Bohr, Heisenberg affirment que tout était relatif et dépendait du référent. La magie poursuit sa route, je soutiens que ce n'est pas fini !

En revanche, si mes neurones géraient difficilement la science, j'ai adoré certains concepts que j'arrive à comprendre métaphoriquement, comme :

- La catalyse **change le référent** et **accélère l'énergie**. Les psys aussi ?
- En physique, **il y a un équilibre** entre chaque élément. Certes.
- Avec une gravitation, on observe des **attractions** et des **répulsions**, des **interactions**, des **associations**, des **séparations** entre les éléments coexistants.
- Deux atomes vont former une molécule, dont la réunion va former un polymère, etc. **Jusqu'à l'humanité tout entière** ?

- Jusqu'où peut-on assembler ces ensembles ? **Jusqu'à l'infini** ?

- Un élément permet parfois **une réaction sans en modifier l'état**, il éveille juste les affinités assoupies. C'est cool un tel concept, adapté en psychologie !

- La catalyse permet de **franchir les barrières d'énergie**. L'identique pour l'homme pourrait-il s'imaginer ? Qui pourrait être le catalyseur ? Le psychologue ? En observant physiquement les relations entre les éléments, on se positionne en élément catalyseur, afin d'accélérer les liens d'énergie préexistants. Mon travail de psychothérapeute prenait un nouveau sens passionnant !

- **C'est par l'énergie que les transitions se font**. Je l'ai toujours su, intuitivement !

- Dans un écosystème, plus on **accélérera** un des éléments, plus les autres vont accélérer. Dès qu'on modifie le mouvement d'un élément, nous **modifions l'ensemble du système**. La systémique a donc bien trouvé son nom. C'est génial, sauf lorsque que c'est délétère ou que l'écologie dérape… Mais pour rêver d'un monde meilleur, c'est le genre de théorie sur laquelle on aime surfer.

- Le mouvement va **accélérer la masse de l'énergie**. Plus le mouvement d'un élément est accéléré et plus la masse sera importante. D'où la notion d'effort : bougez-vous et le reste bougera ! Les psychologues donnent l'impulsion psychique au mouvement, afin d'augmenter la masse potentielle d'énergie dans l'océan de l'inconscient, c'est quasi féérique de pouvoir l'imaginer. Visualisez un peu un océan parfois bloqué qui d'un coup décharge de belles vagues et relance les marées. Comme c'est prouvé que plus il y a de mouvement, plus il y a d'énergie, alors, tout allait me prouver qu'un mouvement il fallait créer !

- Comme dans la loi de la relativité restreinte, **l'espace et le temps sont inséparables**, clairement chez nous aussi. En revanche, le temps n'est pas toujours le même, il est relié à la vitesse. Diantre !

- $E = MC^2$, soit l'énergie est égale à la masse multipliée par le carré de la vitesse de la lumière. Masse, temps et énergie sont donc reliés.

Une bonne mise en lumière de ma Psycatalyse, in fine.

Les points de contact entre la physique et la Psycatalyse se firent donc jour en mon esprit, d'abord très évasivement, du fait de mon cerveau non érudit, puis plus précisément pour parvenir à une quantique de l'humain.

Ainsi, au fil des années, métaphoriquement, **plus mes référentiels changeaient,** plus mon énergie s'**accélérait.** Me confirmant intérieurement qu'il existait bel et bien **un équilibre** entre chaque élément, corps, émotions, mental, espace, temps, énergie.

Nous vivons des **attractions**, des **répulsions**, des **interactions**, des **associations**, des **séparations** entre nos éléments coexistants. Je ne sais pas où en sont mes polymères, mais j'aime les imaginer se programmer, j'espère, pour me conduire à vieillir sereinement. Heureusement pas jusqu'à l'infini ! J'ai pu observer de fait que chaque élément qui créait **une réaction éveillait** les affinités assoupies. Mon challenge était de plus en plus de **franchir les barrières d'énergie**, convaincue que c'est précisément **par l'énergie que toutes nos transitions se font**, pour modifier **l'ensemble de notre système.** Comme le mouvement **accélère considérablement la masse de l'énergie**, je me suis bien bougée, souvent promenée. **L'espace et le temps étaient inséparables**, j'ai tenté d'allier le plaisir à la théorie. Bref, ne souriez pas... il me restait à comprendre la lumière plus en profondeur.

Un individu, selon un plan à une dimension, n'existe pas. Il faut au moins le conformer à deux dimensions pour le représenter en image. Une troisième dimension s'imposera pour son volume. Le temps, bien sûr, sera impératif si l'on souhaite le comprendre dans son intégralité. Et l'énergie. Par-delà ?

D'autres champs de conception coexistent véritablement : sont-ils longueur d'onde ou fréquence ? Et naturellement, je me questionnais avec une certaine évidence comme tant d'autres chamans de la vie : comment puis-je faire pour chevaucher un rayon lumineux ?

Le quantum est une autre manière d'observer qui modifie le champ de considération. Par extension, la quantique humaine nous sort de la vision imposée selon certains concepts de perception restreinte (ou par des cerveaux trop érudits, donc rétrécis).

Ai-je le droit de parler de saut quantique intrapsychique ? Par le biais de la lumière, cela me semblait hyper logique. Vive les dyscalculiques !

Je me plaisais aussi à utiliser ce terme « d'ergocosmogénie », inventé de toute pièce, il y a plusieurs années, à une époque où je sentais bien que les domaines prédéfinis ne suffiraient jamais à l'ampleur de ma conception de la vie.

Ne faut-il pas tenter d'expliquer par le biais de la métaphore les faits simples de la vie ?

Je suis repassée dans les chemins des anciens, ceux qui avaient découvert, un à un, les phénomènes qui nous entourent et qui nous caractérisent nous, humains, sur Terre, au cœur d'un univers. Du visible à l'invisible, nous sommes déjà allés assez loin. Toutefois, je capte bien le fait qu'un jour nos outils d'observation seront ignares en la demeure, inaptes à nous aider ou trop limités.

Et si… finalement, nos corps, nos cerveaux, nos aptitudes fondamentales n'étaient pas les uniques ustensiles capables de capter l'essentiel et le fondamental ?

Nous cherchons à prouver, dessiner, calculer, avant même de pouvoir voir l'ensemble des phénomènes. Et lorsque nous tentons un lien entre tous, nous calculons encore plus, limitant ainsi notre champ de perception, infini, lui…

Certes, les calculs sont savants, les mathématiques aptes à refléter une parcelle de vérité, mais finalement, qui pourrait nous éclairer de nos jours sur une quantique de l'humain ?

> Je ne souhaite rien créer, mais éclairer, tout simplement.

Je suis consciente que je n'invente rien, mais ces concepts me rappellent de vieux souvenirs qui sont sans doute imprimés dans nos mémoires collectives.

> Et par ce terme « ergo-cosmo-génie », qu'espérais-je donc ? Rassembler des données.

Même si je délire… vu que la catalyse permet de franchir les barrières d'énergie, un phénomène identique pour l'individu pourrait-il se réaliser ? Pour l'humanité ? L'univers, la galaxie, tous les systèmes ? L'extension tient-elle la route ?

L'élément catalyseur serait lequel ? Le flux ? La lumière ? Le mouvement des pensées a-t-il déjà été décrit pour accélérer le processus de l'énergie ?

Le brin lumineux pourra-t-il trouver une place dans la psychologie ? Pas directement, mais métaphoriquement, il prendra une place immense lorsque les chercheurs auront découvert les champs magnétiques de l'espace intergalactique différentiel, un genre de grosses sommes différentielles qui modifieront les champs magnétiques Terrestres, donc les comportements.

Certains s'attardent sur des faits irréprochables, mais attachons-nous à simplement déterminer l'humain de manière intuitive avant de nous attaquer à des forces qui nous échappent totalement.

Le parallèle entre la physique et l'esprit sera profitable pour faire intégrer que les pensées évoluent et modifient le champ et l'espace au fur et à mesure de la compréhension.

Cela permettra de percer ainsi les champs différentiels de la pensée moyenne, puis lumineuse.

Les champs des pensées réagissent comme ceux de la réalité physique. C'est la raison pour laquelle certains parlent de la « réalité » des formes-pensées qu'ils ressentent ou captent, d'autres parviennent à les regarder.

Et si surfer sur des brins de lumière s'y apparentait ?

Il serait vide de sens de considérer l'individu isolé, comme on considérait l'éther antérieurement, indépendamment du reste. Il serait tout aussi stupide de considérer l'environnement séparé, alors que l'inTerrelation est constante. Par contre, ce qu'il faudra ajouter à l'analyse précédente, c'est son champ interne qui dépend énormément des champs magnétiques externes, pas uniquement magnétiques, mais les termes manquent pour définir actuellement les champs du flux intercosmogénique qui régissent les fonctions cérébrales de manière réelle.

Certaines ondes influencent le cerveau : nous le savons depuis fort longtemps.

Et si nous en sommes au balbutiement bourgeonnant quant aux influences réelles des appareils électroménagers, des ondes radiophoniques, téléphoniques, etc., nous commençons à admettre que les pensées circulent diversement en fonction des champs environnants.

Nos pensées et nos réactions s'organisent différemment dans un grand magasin ou dans la nature, dans une cité en béton ou dans une zone florissante et reposante. Les comportements eux aussi se modifient en fonction de l'environnement, tels des éléments acteurs et réagissant simultanément ou alternativement. Toutefois, aucune étude n'a pu déceler l'origine de l'impulsion : est-ce l'environnement ou l'interne qui modifie en premier l'autre ?

Ce que je peux simplement confirmer, c'est que personnellement, mes plus grandes synthèses intellectuelles ne fusèrent jamais à une caisse de supermarché ni en plein cœur des décorations de Noël. Par contre, je peux penser profondément chez moi, avec le bruit des enfants, mais c'est chez moi. L'environnement vibratoire y est différent.

> Et si… l'écosystème humain interagissait dans un système « ergocosmogénique » plus global ?

Et si… (tel l'écosystème de base, avec son univers interne, ses axes externes, ses liens) son cadre pouvait être plus vaste ? Permettant un changement d'énergie qui pourrait modifier (catalyser) toute l'humanité ? Et pourquoi pas d'autres espaces en corrélation par résonance énergétique ?

Et si… tout dans l'univers n'était que simple « ergocosmogénie » applicationnelle ? Psychologie quantique y compris.

Voilà ce sur quoi je surfais il y a déjà plus de deux décennies. Je ne reviens pas sur la véracité ou non de ces lignes, j'en souris largement. Je les accueille avec une nouvelle réflexion, car je les avais oubliées. Rendez-vous dans 20 ans… pour voir leur évolution !

J'avais aussi écrit en conclusion :

> J'ai plein d'espoir. En effet, et si… en partant de l'être, nous pouvions modifier le cadre ? Peut-être qu'en partant des humains, nous pourrions modifier l'humanité tout entière !

Parce que si les outils catalytiques peuvent être fonctionnels sur l'être, pourquoi ne pourraient-ils pas le devenir tout aussi efficacement sur les nations et le monde tout entier ? Je crois toucher du doigt quelque chose de dangereux qui, heureusement, n'est point maîtrisé, sinon les pires personnages pourraient en abuser. J'ai heureusement toujours eu la magie infantile de croire que certaines lois mécaniques bien ficelées empêcheraient les humains néfastes de pouvoir tout modifier négativement in fine.

Loin de moi cette idée manipulatrice de l'ergo-cosmo-génie, au contraire, l'aboutissement de mes pensées m'amène à rêver à un mieux-être planétaire, un mieux-être interplanétaire et pourquoi pas généralisable à d'autres dimensions encore insoupçonnées.

Belle histoire que voilà, beau film à réaliser. Soit j'ai des siècles d'avance, soit, en effet, cette nouvelle psychologie quantique a un champ d'expérimentation (à défaut d'interplanétaire, du moins planétaire !) et alors les humains sauront un jour mieux l'utiliser. Je me laisse quelques décennies pour cette étude et vous laisse à vos rêves... même si je suis convaincue intérieurement que :

seuls la lumière et l'amour referont circuler les énergies dans un être, les sourires dans un corps et les pensées positives dans un esprit.

Car, par-delà toutes mes théories, je crois intimement que mes plus grandes réactions psycatalytiques ne sont que remises en circulation de choses qui étaient bloquées, éteintes énergétiquement et ne pouvaient plus se manifester positivement. Avec mon apport positif et vibrant, chargé et aimant, je redonne à l'être la vigueur de le ressentir et l'élan de le reconstruire personnellement ensuite dans sa mise en application. Premièrement, je montre là où cela bloque, deuxièmement, je relance pour que la personne agisse elle-même. Les plus grands miracles viennent de la remise en circulation énergétique des zones bloquées, comme le ferait un guérisseur sur un corps ou un Christ sur un esprit. Comme je ne suis ni l'un ni l'autre, je me limite au fait de relancer des personnes en tant que psychothérapeute, patientant pour qu'elles prennent ensuite le relais. C'est à cela que s'escrime le travail de la psychologie, finalement. Il faut en effet apprendre nos limites, même si je rêve de comprendre les séries d'activations sur des codifications cryptées… je préfère me concentrer sur la mise en libération de l'énergie ou, en d'autres termes, la remise en diffusion des lumières ambiantes pour activer l'intérieur.

Je reste certaine, outre ce modèle de réflexions, qu'un certain nombre de forces sombres ferment des zones, tandis que la lumière crée des actions humanitaires, les deux agissant certainement là où l'on ne les imagine pas. Je suis toutefois ravie de ne pas connaître l'équation unique qui résume notre monde, à savoir quel est le taux de masse sombre et celui de la lumière fondamentale.

Merci pour vos sourires…
Hop hop hop ! On y va !
J'ai un immense espoir : la lumière sera !